# METAVERSE

MORGANE SOULIER
et MICHEL LEVY PROVENÇAL

# METAVERSE

*Comprendre le monde qui vient*

*Préface par le Dr Laurent Alexandre*

*Avec les interviews de Nicolas Bouzou, Primavera De Filippi,
Dr Bruno Rocher, Pierre-Nicolas Hurstel,
Charles-Édouard Bouée, Yann Minh...*

BERNARD GRASSET
PARIS

ISBN 978-2-246-83443-4

# PRÉFACE

## *L'ère du metaverse viendra... si l'IA le lui permet*

Depuis 2010, quatre technologies majeures ont imprégné nos esprits : la robotique illustrée par le fascinant bestiaire de Boston Dynamics, la blockchain dépeinte par les cryptomonnaies et les NFT, la réalité virtuelle et augmentée envisagée comme fondement du metaverse et enfin, l'intelligence artificielle (IA) avec les réseaux de neurones artificiels. C'est dans ce dernier domaine que GPT4 s'est illustré comme l'un des triomphes les plus accomplis. Alors que la blockchain stagne et que la robotique déçoit, l'IA et en particulier les Large Language Models (LLM) comme ChatGPT captivent de plus en plus les investisseurs, éclipsant le metaverse.

L'un des acteurs majeurs de ce changement de cap est Facebook-Meta, avec le plan d'investissement massif de 100 milliards de dollars lancé en 2021 par Mark Zuckerberg pour développer le metaverse. Ce grand projet, malgré des attentes élevées, a finalement souffert d'une réalisation en deçà des espérances, y compris au sein de Meta Facebook. Cette déconvenue a poussé

Zuckerberg à revoir sa stratégie début 2023, redirigeant l'orientation de son groupe vers l'IA.

Cependant, Zuckerberg n'abandonne pas son ambition pour le metaverse, déclarant en avril 2023 son inébranlable conviction que le metaverse et l'IA sont indissociables. Il réitère son attachement à ces deux domaines, soulignant leur interdépendance pour la création de réalités mixtes et le développement de systèmes d'exploitation centrés sur l'IA, indispensables pour la prochaine génération de l'informatique.

Cet échec apparent ne marque pas la fin du metaverse. Au contraire, il préfigure une convergence entre IA et metaverse, une fusion qui pourrait donner naissance à une révolution cognitive avant 2030. Cette révolution serait marquée par des avancées significatives, notamment des simulations impossibles à distinguer de la réalité, rendues possibles par les générateurs d'images et les LLM, amenant les utilisateurs à un niveau de réalisme encore inimaginé.

Nicolas Bouzou envisage une convergence encore plus large, entre l'IA, le metaverse et la robotique. Selon lui, c'est dans cette synthèse que réside la véritable révolution, avec la création d'un univers virtuel peuplé de robots interagissant avec des humains, capables de prendre des décisions et d'agir, offrant un nombre infini d'applications dans tous les domaines et tous les secteurs d'activité.

Dans cette décennie de la cognitique, les quatre piliers – l'IA, la robotique, la réalité virtuelle et les neurosciences – se retrouvent au cœur d'un ouragan de défis, notamment la création et la destruction d'emplois, la transformation des chaînes de valeur industrielles et l'avènement des neurotechnologies, qui pourraient soulever une véritable tempête éthique.

Deux jours après le lancement de GPT4, Elon Musk exprimait sa préoccupation quant au rôle restant pour nous, les humains, dans cet écosystème technologique. Il propose alors une alternative, Neuralink, qui pourrait représenter une autre dimension de la révolution cognitive en marche. Le metaverse n'est pas encore pleinement réalisé, mais son potentiel révolutionnaire n'a pas été entièrement effacé. En fin de compte, il pourrait bien constituer une pièce maîtresse de cette émergente révolution cognitive.

Dr Laurent Alexandre,
chirurgien et entrepreneur,
auteur de *La Guerre des intelligences*
*à l'heure de ChatGPT*.

# INTRODUCTION

> « Il n'y a pas de précurseurs, il n'existe que des retardataires. »
>
> Jean COCTEAU

Depuis le changement de nom de Facebook en Meta en octobre 2021, et l'ambition annoncée par Mark Zuckerberg de faire de sa structure une « entreprise du metaverse », il ne se passe pas un jour sans qu'un média ne s'empare du sujet.

Largement au cœur des innovations mises en scène lors du Consumers Electronic Show de Las Vegas, à Vivatech ou dans les plus grands rassemblements tech de ces deux dernières années, nombreux sont ceux qui cherchent à l'analyser, le vulgariser, démontrer son potentiel et ses opportunités ou tuer dans l'œuf ses possibles bénéfices pour l'internaute, le consommateur ou le citoyen. Certains évoquent même un désintérêt des plus grands de la tech au profit de l'intelligence artificielle, dont les développements phénoménaux et inédits permettent dès le début de l'année 2023 au grand public d'explorer ses possibilités créatives, tandis que l'accès au metaverse est, lui, encore réservé à une poignée de passionnés de technologie.

Décrit comme le futur de l'Internet, le metaverse serait un ensemble de mondes virtuels dans lesquels nous pourrons nous façonner des avatars à notre goût, nous déplacer, nous habiller, danser, participer à un concert avec plusieurs millions de personnes, interagir socialement et professionnellement, un univers dans lequel monde fictif et monde réel se confondraient, et qui nous permettrait de vivre des expériences riches émotionnellement et sensoriellement.

Les plus grands analystes prédisent une industrie qui pèsera 5 000 milliards de dollars d'ici 2030 et de nombreuses entreprises s'emparent déjà de cette nouvelle opportunité de nous proposer des expériences originales et inédites. Plus immersives, plus personnalisées, plus ludiques, et bien sûr, plus lucratives. Loin d'un simple retentissement médiatique ou d'une technologie dédiée aux grandes entreprises de l'industrie du luxe ou du retail, le metaverse et toutes les évolutions technologiques qui l'accompagnent vont bouleverser l'ensemble de nos métiers et demander aux entreprises publiques comme privées, de toutes tailles, d'élaborer des stratégies, afin de couvrir le champ des possibles et servir au mieux leurs collaborateurs, leurs clients ou leurs partenaires.

Au même moment, après que la lanceuse d'alerte Frances Haugen a dénoncé la mauvaise gestion par son ex-employeur Facebook de la désinformation et de la protection des plus jeunes face aux risques des réseaux sociaux et que de nombreuses lois de protection des consommateurs s'écrivent à travers le monde, de plus en plus d'études s'intéressent à l'impact de ces mêmes plateformes sur la santé mentale de leurs utilisateurs. Certains pays et organisations mondiales bannissent même leur utilisation. À l'heure où nos interactions se virtualisent, où nos actes de consommation se digitalisent toujours plus, et où la production de contenus s'optimise par l'utilisation d'intelligences artificielles dites génératives, mais où de telles avancées remettent en question nos postulats les plus fondamentaux concernant notre rapport aux technologies et à notre condition humaine, comment nous projeter dans le monde numérique de demain ?

À travers cet ouvrage pédagogique et prospectif, nous reviendrons d'abord sur l'évolution du Web, sur l'essor des réseaux sociaux et sur le contexte actuel de méfiance envers les plateformes.

Nous analyserons ensuite l'année qui vient de s'écouler, celle qui a permis au grand public de tester de premières expériences dans le metaverse et de découvrir le pouvoir créatif des intelligences artificielles génératives telles que ChatGPT, avant de présenter les premières collaborations significatives entre acteurs technologiques et commerciaux.

Pour finir, nous sonderons les effets, notamment éthiques, de l'avènement du Web3 sur l'évolution de l'Homme et sur notre rapport aux relations interpersonnelles et à nous-mêmes. Et nous nous immergerons dans le monde qui vient via l'élaboration de scénarios futuristes mais réalistes.

Bon voyage vers le futur.

## CHAPITRE 1

# *Une histoire d'Internet*

« L'intelligence c'est la faculté de s'adapter au changement. »

Stephen HAWKING

Imaginez un monde où les frontières physiques ne sont plus un obstacle, où les distances n'ont plus de sens et où chacun peut vivre une existence virtuelle totalement immersive. Ce monde n'est pas une simple fiction futuriste, mais une réalité qui se concrétise grâce à deux concepts révolutionnaires. Le premier est l'émergence des mondes virtuels dits *metaverse*. Ces univers en ligne permettent aux utilisateurs de vivre des expériences inédites en prenant le contrôle d'avatars numériques. Dans ces mondes, des marques, des artistes et des personnalités mettent en vente des œuvres numériques, appelées NFT (pour « non-fungible tokens*[1] »), vendues pour certaines jusqu'à plusieurs centaines de millions de dollars.

1. Les mots signalés par un astérisque sont détaillés dans le glossaire, p. 177.

Si le metaverse est le sujet central de cet ouvrage, il semble important de rappeler le contexte dans lequel émergent ces nouvelles technologies, la course à celui qui développera l'intelligence artificielle la plus performante ayant, début 2023, dépassé celle des mondes virtuels. En effet, un autre sujet a rapidement pris le pas sur les NFT dans la sphère médiatique : ChatGPT et la prolifération d'intelligences artificielles dites « génératives », qui répondent à presque toutes nos questions en générant du texte ou des images de manière autonome grâce à des algorithmes d'apprentissage automatique. ChatGPT a bouleversé la façon dont nous interagissons avec la technologie et représente une avancée majeure dans l'histoire de l'intelligence artificielle.

Enfin, un événement clé pour comprendre le futur du numérique est l'annonce de Mark Zuckerberg fin 2021, qui souhaite faire de son entreprise un acteur incontournable dans le développement du metaverse. Parallèlement, le sujet des lanceurs d'alerte a gagné en popularité, après que le *Wall Street Journal* a publié les « Facebook Files », des documents internes fournis par Frances Haugen, une ancienne employée de Facebook. Ces documents révèlent les problèmes de modération et d'analyse de données du réseau social. Suite à cette révélation, de nombreux projets de loi visant à protéger les données et les consommateurs en ligne sont en cours d'élaboration.

Dans un contexte où la protection des consommateurs est de plus en plus importante, les marques et les institutions, qu'elles soient publiques ou privées, doivent adapter leur stratégie et tirer profit des opportunités créées par les avancées technologiques pour communiquer de manière adéquate avec leur public cible.

*L'histoire de Facebook,*
*de sa création à l'ère de Meta*

Vous souvenez-vous du jour où vous avez créé votre profil sur Facebook (peut-être à l'époque l'appelait-on encore *The Facebook*) ?

Si vous avez été l'un des premiers utilisateurs, il y a des chances que vous ayez reçu en 2007 par l'un de vos proches un email contenant le Graal : une invitation à rejoindre un nouvel espace de partage entre amis, accessible uniquement par cooptation. The Facebook s'ouvrait petit à petit au monde entier, et les heureux élus se sont retrouvés assez excités et fiers de se créer un profil sur lequel faire figurer leur statut familial, professionnel, leur lieu d'habitation, et même leur anniversaire. À l'époque, les messages privés n'existaient pas – ils arriveront l'année suivante – et il était d'usage de commenter publiquement les statuts partagés par nos « amis », dont les relations passaient alternativement et toujours publiquement de « en couple » à « c'est compliqué » ou à « célibataire ».

De sa création en 2004 à aujourd'hui, l'évolution de Meta (nom donné à la suite du rebranding de Facebook en octobre 2021) est fulgurante. Au fil de l'intégration de nouvelles fonctionnalités, de l'évolution de son modèle économique et de ses acquisitions, Mark Zuckerberg a fait de sa plateforme le réseau social le plus utilisé au monde, l'ensemble de ses outils réunissant 3,74 milliards d'utilisateurs actifs par mois. D'un réseau social interne à l'université de Harvard, Meta est devenu en moins d'une décennie un acteur qui pèse sur l'économie mondiale, coté au NASDAQ dès 2012 pour une valorisation de 104 milliards de dollars (la plus grosse introduction de tous les temps sur le NASDAQ) à plus de 900 milliards de dollars en 2021 avant de chuter à 500 milliards suite aux polémiques décrites plus tard.

Ce succès, l'entreprise l'a créé via un plan bien pensé, mêlant innovations technologiques, marketing et acquisitions stratégiques. Au niveau mondial, 4 des 5 applications de réseaux sociaux les plus utilisées aujourd'hui appartiennent à la firme. En effet, à part TikTok, Facebook, WhatsApp, Instagram et Messenger sont des purs produits Meta. Parmi ses acquisitions majeures, chacun garde en tête Instagram (en 2012 pour 1 milliard de dollars) et WhatsApp (en 2014 pour 19 milliards de dollars).

Créateur du *like* (largement répandu et repris par quasiment l'ensemble des plateformes concurrentes), du *poke* (fonctionnalité purement dédiée à la viralité que l'on utilise pour attirer l'attention d'un de ses amis), du *feed* (ou fil d'actualité qui permet de voir toutes les dernières activités de ses amis en un seul et même endroit, évitant ainsi de se balader de profil en profil pour s'assurer de ne rien manquer), ou encore du « dm » (« direct message » ou « mp » pour message privé), Facebook s'est rapidement imposé comme un lieu incontournable d'échanges, de recueil d'informations et de communication.

Si pour la première fois de son histoire, Meta a annoncé début 2022 une perte d'1 million d'utilisateurs (qui a fait chuter son titre en bourse de 25 % dans la foulée), son chiffre d'affaires reste colossal : pas moins de 116 milliards de dollars en 2021 (+ 37 %) et un bénéfice net en 2022 de 23,2 milliards de dollars. Ce résultat, Meta l'obtient en offrant des opportunités publicitaires ciblées aux entreprises de toutes tailles. Alors qu'elles étaient 300 000 au début des années 2010, ce sont désormais plus de 160 millions d'entreprises qui sont présentes sur la plateforme, dont 80 millions de PME et 10 millions d'annonceurs, en faisant la plateforme publicitaire la plus puissante au niveau mondial.

En fait, plus de 98 % de ses revenus proviennent de la publicité (contre 80 % pour Google). Les 2 % restants sont constitués, entre autres, de micropaiements in-app de jeux Facebook et des ventes des casques de réalité virtuelle, Oculus Quest, qui pourraient bien être un des prochains relais de croissance de la firme.

En effet, alors passé quasiment inaperçu lors de l'opération en 2014, le rachat d'Oculus VR pour un montant de 2 milliards de dollars creusait déjà le sillon de Meta dans son ambition de devenir un acteur clé de cet Internet du futur via l'intégration d'une technologie permettant de connecter virtuellement les gens les uns aux autres et de leur proposer des expériences toujours plus immersives grâce à la réalité virtuelle et augmentée.

Ce n'est qu'en octobre 2021, alors que le réseau social est en pleine tourmente à la suite du scandale des Facebook Files, que Mark Zuckerberg a dévoilé sa nouvelle stratégie : celle de « faire naître le metaverse et d'aider les gens à se connecter, trouver leurs communautés et faire grandir les entreprises ». Pour y parvenir, l'entreprise américaine prévoit d'investir pas moins de 10 milliards de dollars d'ici la fin de l'année 2022, et de créer pas moins de 10 000 emplois en Europe, le tout pour développer son Facebook Reality Labs, sa division en charge de la R&D dédiée à la réalité virtuelle et augmentée.

À cet instant, l'entreprise Facebook n'existe plus : elle s'appelle désormais Meta, et englobe toutes les applications et compagnies de la firme. À cet instant aussi, le mot metaverse se dévoile au grand public.

Déjà méfiants des réseaux sociaux et encore plus de ceux opérés par Meta, les plus réfractaires d'entre nous voient en le metaverse une évolution néfaste de l'Internet, dont les finalités mercantiles seraient pilotées et savamment orchestrées par la firme de Palo Alto.

*Le pouvoir incontesté des réseaux sociaux*

Bien que critiqués, les réseaux sociaux sont pourtant toujours plus omniprésents dans nos vies et leur nombre d'utilisateurs continue de croître, plus rapidement que la population mondiale. En 2023, des milliards d'utilisateurs se connectent chaque mois sur Facebook et Instagram, plus de 550 millions sur Twitter (désormais X), et TikTok aurait dépassé le milliard d'utilisateurs actifs mensuels dès la fin de l'année 2021.

Facebook, X, LinkedIn, Pinterest ou encore YouTube sont des plateformes considérées comme des réseaux sociaux au sens où elles permettent à leurs utilisateurs, qu'ils soient de simples individus ou des entreprises, de créer du contenu et de le mettre en ligne librement, consultable par les autres utilisateurs de la plateforme, qui peuvent alors le commenter et s'abonner au compte du transmetteur (dit aussi créateur de contenu) pour suivre ses actualités.

Selon Hootsuite, outil de gestion des plateformes sociales, quel que soit notre âge, nous ne visiterions pas moins de 7,5 plateformes dédiées aux usages numériques sociaux chaque mois. Le temps passé sur ces plateformes ne cesse aussi de progresser, atteignant près de 2 h 30 par jour au niveau mondial. Réels, IG Live, vidéos immersives, live shopping, stickers, filtres, découverte de comptes semblables à nos centres d'intérêt… il n'existerait pas moins de 500 fonctionnalités sur Instagram. Toujours plus innovantes, chaque plateforme dévoile chaque mois de nouvelles fonctionnalités dédiées à « créer du lien » avec sa communauté et à nous fidéliser. Leur succès d'audience en fait des supports marketing et publicitaires particulièrement puissants, ce qui représente aussi un enjeu majeur dans la construction de leur image.

Elles ont révolutionné la façon dont les marques interagissent avec leurs clients ou leurs cibles de consommateurs.

Avec une stratégie bien pensée et adaptée, et un budget dédié, toute entreprise peut communiquer habilement et à grande échelle, informer sur ses produits, relayer une information clé. À travers leurs pages ou leurs comptes, elles recueillent l'avis de leurs clients, établissent un lien direct avec leurs prospects, et créent un lien d'appartenance à une communauté affinitaire. Grâce à une ligne éditoriale et un *community management* cohérents, le *follower* se sent écouté, concerné, et deviendra un des ambassadeurs de la marque auprès de sa propre communauté via le phénomène de la viralité. En effet, les médias sociaux n'ont pas seulement révolutionné les interactions entre l'entreprise et le consommateur, mais aussi la façon dont les consommateurs communiquent entre eux. Aussi, selon l'agence Sprout Social, pour 78 % des consommateurs les médias sociaux sont le moyen le plus puissant et le plus efficace de faire entendre leur point de vue sur un produit ou une marque.

Contrairement aux médias traditionnels tels que la presse écrite, la télévision et la radio, les médias sociaux offrent maintenant la possibilité à celui qui reçoit le message d'interagir avec le créateur de contenu (une marque, une organisation, un influenceur dédié à la promotion d'un produit ou d'un service). Les marques et, de façon générale, les organisations l'ont bien compris : pour capter l'attention du consommateur, du citoyen, du patient, du prospect, il ne suffit plus (voire il n'est plus nécessaire) de budgétiser des campagnes destinées à être diffusées sur nos écrans de télévision ou affichées dans la rue.

Désormais, pour être vu, et surtout, pour créer un lien avec son public, les réseaux sociaux sont incontournables. Car il s'agit bien de cela : créer du lien, fédérer, développer une communauté de fans susceptible de rendre viral un contenu, un produit, un concept, une idée, un message. Communiquer sur ces réseaux est devenu un métier. Conscientes de la valeur stratégique que cela représente, marques et institutions publiques ou privées mobilisent des moyens humains et financiers exclusivement dédiés à leurs stratégies digitales. De nouveaux métiers ont vu le jour : directeur du digital, *community manager*... et de nouveaux modèles sont explorés : partenariats avec des célébrités ou des influenceurs, organisation d'événements exclusivement en ligne, opérations de co-branding...

À l'ère du metaverse, chaque entreprise va devoir repenser sa stratégie et les questions sont encore nombreuses : comment les marques vont-elles se positionner face à ces nouveaux dispositifs ? quelle attitude vont adopter les clients, tant privés que professionnels ? les réseaux sociaux seront-ils solubles dans le metaverse ? comment dégager de nouvelles parts de marché et estimer sa croissance dans un monde virtuel que l'on ne maîtrise pas encore aujourd'hui ?

Dans un contexte sociétal où un grand nombre d'entre nous nous soucions de notre impact environnemental, où le respect de l'humain semble être au centre des préoccupations des citoyens, et où les consommateurs attendent un engagement éthique et responsable de la part de leurs marques fétiches, il semble évident que toute structure doit commencer à dessiner des scénarios, habilement penser sa stratégie digitale et déployer des processus créatifs inédits, pour à la fois rester compétitive, prendre le virage des nouveaux usages, mais surtout réussir le pari difficile de continuer à véhiculer des valeurs alignées sur celles des consommateurs et engager leurs cibles dans les nouveaux mondes virtuels qui, à date, rencontrent de nombreuses critiques quant à leur caractère énergivore ou aux risques pesant sur notre santé mentale.

*Une régulation s'impose*

Les nouveaux usages et les nouvelles technologies se développent désormais dans un contexte hostile aux réseaux sociaux dont la réputation est entachée et accentué entre autres par les scandales qui éclaboussent Facebook : ces réseaux favoriseraient les comportements addictifs et le manque de sommeil, ils seraient responsables de troubles dépressifs, ils intégreraient de puissants algorithmes permettant aux entreprises qui les contrôlent et à leurs annonceurs de mieux analyser nos comportements et nos goûts pour mieux nous cibler. Les plateformes sont accusées de régir nos vies, de scruter nos comportements pour façonner nos idées politiques, de mal réguler les contenus à caractère sensible.

L'affaire Cambridge Analytica est sans aucun doute celle qui aura enclenché le déclin de confiance des utilisateurs et des autorités envers les GAFAM. Révélé par le *Guardian* et le *New York Times*, ce scandale qui a éclaboussé autant la Maison Blanche que Facebook a révélé au monde entier la puissance algorithmique des plateformes et leur capacité à manipuler l'accès aux informations. Cette entreprise anglaise, dont le slogan est « *Data drives all we do* » (les données dirigent nos actes), s'est donné pour mission de changer le comportement grâce aux données. Spécialisée dans l'analyse des données numériques via la psychologie comportementale, elle aurait joué un rôle considérable dans le cadre de l'élection présidentielle américaine de 2016. Bien qu'elle se définisse comme « une organisation non partisane », l'entreprise a été recrutée par Donald Trump durant sa campagne et est accusée d'avoir utilisé des données de 30 à 70 millions d'utilisateurs de Facebook, recueillies sans leur consentement, à des fins d'espionnage politique ou de diffusion volontaire de fausses informations. Avec ces données, ses clients sont accusés d'avoir influencé les intentions de vote des internautes.

La brèche est ouverte, et ce scandale sans précédent permet aux autorités américaines de convoquer Mark Zuckerberg. En avril 2018, le patron de Facebook est appelé à se rendre au Congrès et au Sénat, et une enquête est ouverte par la Federal Trade Commission (FTC), l'agence américaine de régulation qui fait appliquer le droit de la consommation, première d'une longue série d'enquêtes visant à identifier l'effet que peuvent avoir les plateformes sur leurs utilisateurs et à comprendre comment les GAFAM exploitent nos données pour mieux nous contrôler.

Lorsqu'en septembre 2021, le *Wall Street Journal* dévoile le scandale des Facebook Files, le plus grand réseau social vacille et voit pour la première fois de son histoire son nombre d'utilisateurs diminuer. Au cœur de ce nouveau scandale, une série d'articles appuyés sur des enquêtes internes montrant les failles des algorithmes et de la modération de l'entreprise, et dénonçant le fait que Facebook avait parfaitement conscience des dérives ou des problèmes que peuvent causer ses différentes plateformes.

On y apprend entre autres que la modération serait plus souple envers les personnalités publiques ou que l'algorithme favoriserait la désinformation ou les publications génératrices d'émotions négatives, telles que la haine, l'incitation à la violence ou encore la propagande extrémiste, celles-ci étant plus partagées ou commentées.

Selon l'enquête, reprise par le *New York Times* ou *Le Monde*, malgré sa connaissance de ces failles, la firme aurait continué de travailler à la mise en ligne de nouvelles fonctionnalités susceptibles d'accentuer les dérives, notamment sur une version d'Instagram dédiée aux utilisateurs de 13 ans, alors que ses propres recherches avaient déjà montré l'impact négatif de la plateforme sur les adolescents, accentuant notamment le mal-être corporel. Ce projet a depuis été mis en suspens. Adam Mosseri, PDG d'Instagram, l'a lui-même annoncé dans un article publié sur le blog du réseau social.

Pour Frances Haugen, la lanceuse d'alerte de ce scandale, ex-employée de la firme américaine, ces problèmes sont directement liés au modèle économique de Facebook qui repose sur le ciblage publicitaire : « Les recherches de Facebook ont montré que le contenu qui polarise, divise ou incite à la haine provoque davantage d'engagement. Si Facebook change ses algorithmes pour qu'ils soient plus sûrs, les gens passeront moins de temps sur la plateforme, cliqueront sur moins de publicités et au final Facebook gagnera moins d'argent. »

Dans une tribune du *Monde*, et lors de son audition par le Congrès américain, Monika Bickert, responsable de la politique des contenus de Facebook, défend son entreprise. Selon elle, Facebook aurait dépensé environ 4,3 milliards d'euros en 2021 pour protéger les utilisateurs, et 40 000 personnes travailleraient à cette mission essentielle. Peu importe les explications données, la multiplication des scandales est un choc, aussi bien pour les régulateurs que pour les consommateurs.

Désigné personnalité de l'année par *Time Magazine* en 2010, le patron de Facebook Mark Zuckerberg semble devenir l'homme à abattre dix ans plus tard.

À la fin de cette même année, une série d'auditions des plus grandes plateformes sociales a été menée par la commission américaine dédiée à la protection des consommateurs. Twitter, YouTube, Snapchat, TikTok, toutes ont été sommées d'expliquer leurs actions en matière de protection de leurs utilisateurs de moins de 18 ans.

Fin 2023 en France, un nouveau scandale pointe le doigt sur les dérives potentielles de ces plateformes, une mère portant même plainte contre le réseau TikTok, l'accusant d'être responsable du suicide de sa fille.

Conscients des enjeux de protection des consommateurs, les autorités internationales multiplient les projets de loi.

À la suite de l'augmentation du nombre de scandales, de fuites de données et d'études attestant du potentiel néfaste des plateformes pour la santé mentale de leurs utilisateurs, le besoin de régulation est avéré.

Les autorités américaines prennent les devants et formulent une série de lois, dites lois antitrust, dédiées à la protection des consommateurs : Social Media NUDGE Act, American Innovation and Choice Online Act, Banning Surveillance Advertising Act…, l'ensemble des lois vise à protéger l'internaute, à favoriser l'émergence de nouvelles plateformes en réduisant les barrières à l'entrée, ou à interdire aux acteurs en présence de favoriser leurs propres produits et services sur leur propre plateforme.

Inspirée par ces textes, la Commission européenne a présenté fin 2020 ses deux volets de réglementations de l'espace numérique, jugé par certains comme « zone de non-droit ». Le Digital Services Act (DSA) et le Digital Market Act (DMA) sont deux textes fondateurs et complémentaires, l'un régulant les plateformes, l'autre les contenus mis à la disposition des internautes et qui démontrent la volonté de l'Europe de faire d'Internet un espace plus sûr pour les utilisateurs.

Sur le site officiel du projet, on peut lire que le DSA et le DMA ont deux objectifs principaux : d'une part, créer un espace numérique plus sûr dans lequel les droits fondamentaux de tous les utilisateurs de services numériques sont protégés ; d'autre part, établir des conditions de concurrence équitables pour favoriser l'innovation, la croissance et la compétitivité, tant sur le marché unique européen qu'au niveau mondial.

Pour Thierry Breton, Commissaire européen au marché intérieur, ce qui est interdit hors ligne doit aussi l'être en ligne. Ainsi, le DSA s'attaque à l'encadrement des plateformes et des réseaux sociaux afin de mieux lutter contre la haine en ligne et la désinformation. Plus concrètement, les obligations concernent principalement les contenus proposés sur les plateformes et leur modération, notamment les contenus illégaux, définis par l'Union européenne comme ceux faisant la promotion de discours racistes ou discriminatoires, pédophiles, de haine, de harcèlement, de contrefaçon, d'utilisation de matériels protégés par le droit d'auteur, de contenu terroriste, ou encore ceux qui dévoilent sans consentement des images à caractère privé.

Pour lutter contre ces diffusions de contenus illicites, le texte exige que les réseaux sociaux mettent en place un « bouton » de signalement qui soit facile d'accès et simple d'utilisation. À chaque signalement, la plateforme ne doit pas seulement le traiter mais également informer l'utilisateur sur l'état de sa demande.

Ici, il s'agit bien de « responsabiliser » les hébergeurs de ces contenus, nommés dans le texte « gatekeepers ».

Sans jamais nommer un ou des acteurs en particulier, les textes qualifient une plateforme de gatekeeper selon des critères bien définis, à commencer par celui d'avoir un impact significatif sur le marché, c'est-à-dire d'avoir réalisé un chiffre d'affaires annuel dans l'Espace économique européen d'au moins 6,5 milliards d'euros sur les trois dernières années fiscales, ou encore si la capitalisation boursière, ou la valeur de l'entreprise, s'est élevée à au moins 65 milliards d'euros lors du dernier exercice financier. L'entreprise doit également proposer sa plateforme dans au moins trois États membres de l'Union européenne.

Ensuite, toute plateforme sera visée si le cœur de son business permet aux utilisateurs commerciaux de toucher des utilisateurs finaux. Pour cela, elle doit avoir plus de 45 millions d'utilisateurs actifs mensuels en Europe, et plus de 10 000 utilisateurs commerciaux annuels établis en Europe.

Enfin, si les précédents critères sont validés trois années consécutives, toute entreprise jouissant d'une position affirmée et durable est concernée.

Nous n'aurons ainsi pas de difficulté à comprendre que les GAFAM sont directement visés.

À défaut d'une action rapide et efficace pour traiter la suppression de ces contenus sensibles, les plateformes devront prouver leur méconnaissance des faits afin d'échapper à une amende. Sans cette preuve, les sanctions pécuniaires peuvent aller jusqu'à 6 % du chiffre d'affaires mondial de l'entreprise. À titre d'exemple, pour

Facebook le montant pourrait s'élever à près de 7 milliards de dollars.

En avril 2023, la Commission européenne dévoile la liste des 17 plateformes et des 2 moteurs de recherche qui entrent dans le cadre du DSA : Alibaba, Amazon Store, Apple App Store, Booking.com, Facebook, Google Play, Google Maps, Google Shopping, Instagram, LinkedIn, Pinterest, Snapchat, TikTok, Twitter, Wikipédia, YouTube et Zalando, et les moteurs Bing et Google Search devront se conformer au DSA à partir du 25 août 2023.

Le second texte, le DMA, cherche à réguler le marché en permettant à de nouveaux acteurs d'y entrer plus facilement et donc à prévenir les abus de position dominante de géants du numérique en donnant un pouvoir de contrôle et de sanction aux États.

L'Union européenne a ainsi annoncé plusieurs objectifs visant à améliorer l'écosystème en ligne. Tout d'abord, elle entend offrir aux innovateurs et aux jeunes entreprises technologiques de nouvelles possibilités pour affronter la concurrence et innover au sein des plateformes en ligne, sans être contraints à accepter des clauses et conditions abusives qui limiteraient leur développement.

Ensuite, l'Union européenne vise à garantir que les consommateurs bénéficient d'un plus grand choix de services de meilleure qualité. Cela comprend davantage de possibilités de changer de fournisseur si tel est leur désir, un accès direct aux services et des prix plus équitables.

Enfin, elle veut assurer que les contrôleurs d'accès conservent la possibilité d'innover et de proposer de nouveaux services. Cependant, il leur sera interdit de recourir à des pratiques déloyales envers les entreprises utilisatrices et les clients qui dépendent d'eux pour obtenir un avantage injustifié.

Selon ce principe de « transparence » exigé par le règlement européen, les géants du Web devront maintenant rendre publics leurs algorithmes.

Via ces deux textes, les régulateurs européens souhaitent « que les consommateurs aient le plus grand choix et que le marché unique reste concurrentiel et ouvert aux innovations ».

Concrètement, cela se traduira par la présence obligatoire d'un représentant légal de chaque acteur en Europe et d'un « point de contact » dans chaque pays membre. Ils seront les interlocuteurs privilégiés des institutions judiciaires. En France, c'est l'Autorité publique française de régulation de la communication audiovisuelle et numérique (Arcom), née de la fusion du CSA et d'Hadopi, qui endossera ce rôle.

Des textes similaires sont en cours de rédaction à travers le monde. Au Royaume-Uni, le Children's Code fait référence. Il contraint les réseaux sociaux à ne plus géolocaliser leurs utilisateurs et à ne plus cibler les mineurs via les campagnes publicitaires des annonceurs. Ils leur demandent aussi de ne plus user de techniques les poussant à rester connectés le plus longtemps possible.

Au forum de la paix en novembre 2021, Emmanuel Macron a, lui, lancé un appel à la défense des droits de l'enfant dans l'espace numérique et demandé « la révision des algorithmes susceptibles de proposer des contenus préjudiciables aux enfants ». La réaction des plateformes ne s'est pas fait attendre.

Instagram a annoncé une fonctionnalité qui passe automatiquement en mode privé les comptes des adolescents et permet aux parents de surveiller et de bloquer le temps d'utilisation quotidien de l'application par leurs enfants. Le réseau social poussera aussi ses utilisateurs à découvrir d'autres types de contenus, et à se déconnecter s'ils sont restés trop longtemps en ligne.

De son côté, le concurrent TikTok a annoncé ne plus envoyer de notifications aux moins de 16 ans après 21 heures et a publié un guide dédié à accompagner les marques dans le développement de stratégies fondées sur la sécurité, la transparence et la responsabilité.

Sur YouTube, le lancement automatique de nouvelles vidéos chez les mineurs est désormais proscrit.

Sur son site, Facebook a mis à disposition de l'internaute une page dédiée à ses actions en matière de protection des consommateurs et annonce avoir investi plus de 13 milliards de dollars en moyens humains et technologiques pour modérer les contenus illicites ou sensibles. Au quatrième trimestre 2021, Meta déclare avoir supprimé 4 millions de contenus relatifs à la drogue, 1,5 million de contenus liés aux armes à feu, 1,2 milliard de spams.

Plus récemment, suite à de nombreuses plaintes, le groupe annonce lutter contre le harcèlement virtuel et activer par défaut un système de bouclier personnel sur sa plateforme metaverse Horizons, qui dès son lancement a été le fruit de vives polémiques concernant le harcèlement de ses utilisateurs, avec l'objectif de renforcer la protection des utilisateurs en cas d'« agression virtuelle ».

Pourtant, la méfiance et même le rejet de certaines plateformes s'amplifient. C'est ainsi qu'au début de l'année 2023, l'application TikTok a été interdite dans de nombreux pays, notamment au sein des instances parlementaires et gouvernementales du Royaume-Uni, du Parlement européen ou en Nouvelle-Zélande en raison des inquiétudes suscitées par les liens étroits de l'entreprise avec le gouvernement chinois et la sécurité des données des utilisateurs.

Ces différentes actions au niveau mondial montrent bien la forte attention portée par les autorités aux enjeux liés à la protection des consommateurs et utilisateurs des plateformes numériques, et la réactivité des acteurs actuels qui souhaitent à la fois préserver leur base d'utilisateurs via la confiance et assurer les autorités de leur sens des responsabilités en matière de protection du grand public.

La régulation de l'intelligence artificielle (IA) ne fait pas exception et est un sujet tout aussi délicat qui suscite de nombreux débats à travers le monde. Alors que la Commission européenne a pris les devants au printemps 2023 en proposant le tout premier cadre juridique sur l'IA, qui traite des risques liés à l'IA et positionne l'Europe pour qu'elle joue un rôle de premier plan à l'échelle mondiale, plus de 150 dirigeants des plus grandes entreprises européennes ont pris la plume dans une lettre ouverte pour alerter les législateurs de l'Union européenne sur le fait que le projet de régulation de l'intelligence artificielle risquait de nuire à la compétitivité de l'UE. Parmi les signataires, le leader de l'aéronautique français Airbus, le géant néerlandais de la bière Heineken ou encore l'incontournable Allemand Siemens, entre autres.

À l'instar du Règlement général sur la protection des données (RGPD), l'AI Act, qui devrait être promulgué cette même année, a été conçu comme une réglementation horizontale visant à encadrer tout système d'intelligence artificielle en contact avec le marché européen, indépendamment du lieu d'établissement de la plateforme. Basé sur une approche de gestion des risques, il établit une série d'obligations légales et techniques selon le niveau de risque associé au produit ou service d'IA. Certains usages de l'IA sont même totalement interdits.

Comme pour Internet et les réseaux sociaux, la réalité virtuelle, le metaverse et l'intelligence artificielle soulèvent des questions de données personnelles, d'éthique et de pratiques concurrentielles loin d'être anodines. Si elles ne sont pas encore officiellement intégrées dans ces différents textes de loi, il ne fait nul doute que ceux-ci serviront de base de référence.

Pour Régis Chatellier, responsable d'études prospectives à la Commission nationale de l'informatique et des libertés (CNIL), il n'existe pas encore de recommandations générales en matière de protection des données personnelles, sinon que les réalités virtuelles sont de nouvelles interfaces numériques soulevant les mêmes problématiques, posant les mêmes questions que celles qui existent déjà sur un écran d'ordinateur ou de téléphone, avec un chatbot ou un assistant vocal. Plus concrètement, l'enjeu sera de savoir si l'utilisateur est correctement informé sur ses droits et qu'il puisse les faire valoir le cas échéant. Au lieu de regarder son écran, l'utilisateur sera immergé en 3D dans des mondes virtuels et il faudra identifier quels acteurs sont responsables des univers proposés, s'ils collectent des données, de quel type, pour quelle finalité.

Les marques, omniprésentes sur les réseaux, vont elles aussi devoir s'adapter et revoir leurs stratégies. Surtout si leurs cibles désertent les réseaux pour de nouvelles plateformes aux fonctionnalités différentes.

### *Le metaverse, un concept vieux de trente ans propulsé par les avancées technologiques*

Signifiant littéralement « au-delà (meta) de l'univers (vers) », les origines du metaverse sont floues et, malgré sa popularisation depuis le rebranding de Facebook en Meta, le concept n'est pas nouveau. Il est intrinsèquement lié à l'arrivée de la virtualité dans nos existences.

Les jeux de rôle en ligne multijoueur (aussi appelés MMORPG pour « massively multiplayer online role-playing games »), comme Les Sims ou Second Life via lesquels les joueurs se retrouvent sous la forme d'avatars, existent depuis près de 20 ans, et les joueurs y passent en moyenne 20 heures par semaine.

Leurs équivalents plus récents comme Minecraft, World of Warcraft et Fortnite comptent des centaines de millions d'utilisateurs et dégagent déjà des milliards de revenus.

Alors que certains évoquent le roman *Snow Crash* de Neal Stephenson (en français, *Le Samouraï virtuel*, 1992) comme étant à l'origine du terme, de simples recherches valident que les premières publications et les premières allusions au metaverse dans les cours des universités américaines datent du début des années 1990, coïncidant avec l'arrivée d'Internet auprès du grand public.

Dans un long article publié en septembre 2022 dans *Fast Company*, Michael Mignano, entrepreneur et investisseur influent de la Silicon Valley, décrit la réalité alternative dans laquelle nous nous apprêtons à entrer avec la démocratisation du metaverse. Selon lui, les progrès de l'intelligence artificielle nous permettent déjà de vivre dans une version alternative de la réalité. Nous vivons des expériences en ligne en mettant en scène des répliques numériques du monde réel, avec des degrés de fidélité variables. Certaines sont de faible fidélité et sont constituées de textes, de photos et de vidéos asynchrones, tandis que d'autres sont beaucoup plus immersives et permettent de s'immerger dans des expériences qui se connectent directement à nos sens. Cependant, toutes ces expériences ont jusqu'à présent manqué d'une couche d'intelligence de qualité suffisante pour nous convaincre que les personnes et les expériences avec lesquelles nous interagissons de l'autre côté de l'écran sont réelles. Mais cela est en train de changer. Désormais, l'IA permet de vivre des versions alternatives de la réalité en ce qu'elle réinvente notre rapport à l'identité, aux relations et aux expériences collectives.

Pour comprendre cette évolution de positionnement du concept du virtuel, il semble important de rappeler que, depuis sa naissance, Internet connaît une révolution technologique tous les dix ans, si bien qu'au début des années 2020, les experts évoquent l'entrée dans l'ère du Web3, *i.e.* la troisième génération d'Internet.

Au début des années 1990, il y avait donc le Web1, également appelé « Web traditionnel » ou « Web statique », car il offrait un accès à des informations limitées avec peu ou pas d'interaction avec l'utilisateur. À cette époque, le concept de blogs ou de commentaires n'existait pas encore, et cette version d'Internet nous permettait simplement de consulter des pages web. Sans algorithme, leur référencement était fastidieux et seule une poignée de personnes étaient en mesure de créer du contenu. Les informations provenaient principalement des annuaires tels que Lycos. Interviewé, le docteur Laurent Alexandre en parle comme d'un Web non dangereux sur le statut de la vérité, ne générant pas de catastrophe cognitive.

Le Web2 voit sa naissance au début des années 2000. Aussi appelé « Web social », il se caractérise par l'émergence des GAFAM et permet le partage d'informations et de contenus (textes, vidéos, images...) par les internautes eux-mêmes. C'est l'émergence des réseaux sociaux, des systèmes de communication à distance, des smartphones et des blogs qui sollicitent l'avis du consommateur. Avec le Web2, l'internaute devient actif, son avis est sollicité en permanence. C'est cette évolution qui a contribué à déployer très largement cette société virtuelle qui est désormais la nôtre.

Présenté comme la troisième génération d'Internet, plus transparent et décentralisé, le Web3, aussi appelé « Web sémantique », reposerait sur plusieurs principes incluant l'émergence des cryptomonnaies, de la blockchain, des NFT et du metaverse. L'ère du Web3 se construit dans un contexte d'hyperpersonnalisation des contenus, grâce à une maturité de l'entraînement des algorithmes. Plus concrètement, désormais les technologies sont en mesure d'interpréter les informations comme des êtres humains ainsi que de générer et distribuer intelligemment un contenu utile adapté aux besoins des utilisateurs. Avec cette évolution, la gestion de notre identité devient aussi centrale et le Web3 repose alors sur un principe de décentralisation, permettant à chacun de contrôler pleinement ses données personnelles et, plus largement, de participer activement à la gouvernance du Web.

Selon Pierre-Nicolas Hurstel[1], CEO d'Arianee, nous sommes en train de rebasculer vers une décentralisation qui permet l'apparition de la rareté et de la possession digitales, qui ouvre à la fois des possibilités incroyables mais aussi de nouveaux défis. Primavera De Filippi, chercheuse pour le CNRS, décrit de son côté le metaverse

1. Interviews dans leur intégralité p. 189, QR code p. 190.

comme une révolution économique et une nouvelle alternative qui fournirait un univers d'abondance et de prospérité dans lequel nous aurions la possibilité de créer une infinité de ressources, en format numérique, sans que cela vienne empiéter sur notre réalité matérielle.

Si d'un point de vue étymologique l'adjectif « virtuel » signifie « être en puissance » mais sans effet actuel (impliquant qu'un objet virtuel est en devenir et que son existence s'inscrit dans le futur), dans le langage courant le terme virtuel revêt plusieurs sens.

Tout d'abord, l'objet virtuel est immatériel ou dématérialisé. Il n'a aucune existence réelle, il est fictif, contrairement à l'objet réel qui est tangible, concret, effectif et accessible physiquement.

Dès les années 1990, l'émergence de nouvelles technologies 3D a permis l'apparition des premiers environnements virtuels. À cette époque, la science-fiction et les premiers travaux de recherche ont commencé à montrer les moyens technologiques capables de créer des réalités alternatives accessibles par ordinateur, dans des jeux vidéo et au travers de dispositifs spéciaux comme les premiers casques de réalité virtuelle. L'expérience virtuelle est donc considérée comme une reproduction de la réalité ou une représentation de la fiction. Elle peut simuler des phénomènes qui ne peuvent être observés dans la réalité, comme des simulations d'une réalité inaccessible à l'homme tels un voyage dans le cosmos ou la rencontre de l'atome et de ses composants.

On perçoit le virtuel comme un antonyme du réel. Or, il existe de nombreuses situations où ce qui nous semble virtuel au premier coup d'œil n'est en rien découplé à notre réalité. L'idée de l'évolution de nos êtres et de nos interactions au sein de mondes virtuels a inspiré de nombreux créatifs, scénaristes et développeurs de jeux vidéo en premier chef. Dans le monde du cinéma, des films comme *Matrix* (1999) et *Ready Player One* (2018) ont dépeint avec une justesse étonnante des environnements qui seraient développés des années plus tard. Ces œuvres ont anticipé l'essor des mondes virtuels et de la réalité augmentée avec une clairvoyance impressionnante.

*Matrix*, par exemple, offre un scénario dans lequel les humains vivent dans un monde virtuel contrôlé par des machines intelligentes. Le film dépeint un monde dystopique où la réalité que nous connaissons n'est qu'une simulation, une prédiction qui fait écho aux théories de la simulation actuelles. De plus, les interactions entre les personnages dans le monde virtuel de *Matrix* anticipent les aspects sociaux des jeux vidéo en ligne et des plateformes de réalité virtuelle modernes.

De même *Ready Player One*, adapté du roman de Ernest Cline, est centré sur l'Oasis, un monde virtuel massivement multijoueur qui sert d'échappatoire à une réalité dystopique. Les utilisateurs de l'Oasis peuvent être qui ils veulent et faire tout ce qu'ils veulent, un concept qui fait écho aux mondes ouverts et personnalisables des MMORPG modernes comme World of Warcraft. L'Oasis utilise également une technologie de réalité virtuelle immersive, ce qui préfigure l'essor des technologies VR comme Oculus Rift et HTC Vive.

D'autres films tels que *Tron* (1982) et son remake *Tron : Legacy* (2010), ou encore *eXistenZ* (1999) de David Cronenberg, ont également exploré des thèmes similaires, anticipant des aspects des mondes virtuels et des jeux vidéo que nous voyons aujourd'hui.

Au même moment, les développeurs de jeux vidéo ont mis en ligne des expériences immersives alors inédites. On oublie souvent Le Deuxième Monde, une expérience de vie parallèle développée par Canal + en 1997 qui proposait à ses joueurs d'évoluer, par le biais de leur avatar, dans une reconstitution de Paris en 3D. La communauté virtuelle était alors constituée des « Bimondiens », qui pouvaient accéder à des boutiques entièrement créées sur mesure pour des marques. Faute d'usage, Le Deuxième Monde s'est éteint en 2001. Ce n'est que deux ans plus tard qu'est né Second Life, un jeu en ligne accessible sur PC, qui permet à ses utilisateurs, toujours sous forme d'avatars, d'incarner des personnages virtuels dans un monde créé par les résidents eux-mêmes.

Pour Yann Minh, écrivain de science-fiction, artiste multimédia, expert de la notion de cyberespace, Second Life est bien le premier metaverse et son fondateur, Philip Rosedale, le revendique. Porté par un écho médiatique de grande ampleur, les prévisions d'analystes les plus sérieux prédisent alors que 80 % des internautes auraient une seconde vie dans un univers virtuel à la fin 2011. Dès lors, de nombreuses entreprises investissent dans le jeu et l'abordent comme un puissant outil marketing : débats, expositions, conférences, formations, recrutements, concerts, mariages, les joueurs peuvent accéder à des expériences qu'ils paient via la monnaie virtuelle de Second Life, le dollar Linden (L$).

Le monde académique et politique s'intéressa aussi à Second Life. Aux États-Unis, les plus grandes universités telles qu'Harvard, New York University et Stanford s'en servent comme support pour la formation en ligne, et en France, la plateforme devient un terrain de jeu pour les candidats de l'élection présidentielle de 2007, tous partis confondus : Jean-Marie Le Pen, Nicolas Sarkozy, Ségolène Royal, François Bayrou, José Bové, Marie-George Buffet et Dominique Voynet, tous y ont ouvert des bureaux de campagne virtuels.

Pourtant en 2007, l'effet buzz retombe, et le nombre d'utilisateurs est largement inférieur aux prévisions. Beaucoup d'entreprises commencent alors à désinvestir cet univers, entraînant le désintérêt des médias et des joueurs. Mais, contrairement aux idées reçues, ces prémices de metaverse sont loin d'être mortes, ses fondateurs ayant mis à disposition gratuitement, en *open source*, le code source de la plateforme. À date, plusieurs communautés se sont créé des « Second Life » alternatifs et indépendants de toute société privée.

Dans la foulée et la continuité, l'intérêt pour les jeux vidéo en ligne dits « massivement multijoueur » ou MMOG, a explosé. Parmi les jeux les plus populaires, World of Warcraft, qui appartient au groupe Activision

Blizzard, racheté par Microsoft pour 69 milliards de dollars, compterait plus de 4 millions d'utilisateurs. De son côté, Epic Games annonce 350 millions de comptes enregistrés sur son jeu Fortnite.

Les jeux vidéo de type MMOG et le metaverse à venir présentent de nombreux points communs, à commencer par l'offre d'une expérience où l'utilisateur ou le joueur interagissent via des avatars, incarnant des personnages virtuels. Que vous soyez un guerrier, un commerçant, un magicien ou un chevalier dans un jeu en ligne, le metaverse va permettre de telles expériences de dédoublement de soi-même, en utilisant notre propre forme ou celle d'un personnage imaginaire.

Deuxièmement, ces environnements proposent des objets que nous pouvons acheter, dont la valeur est définie par la plateforme ou ses créateurs – un concept repris dans le metaverse à travers l'idée de « create-to-earn », où les utilisateurs peuvent générer des revenus grâce à leurs créations.

Troisièmement, ils permettent la construction et la reconstitution de villes entières, qu'elles soient réelles ou imaginaires. Vous pourriez, par exemple, visiter New York virtuellement avant de vous y rendre en personne, ou construire et décorer votre propre habitation, accéder à des lieux de loisirs ou des administrations, et plus encore.

Enfin, un point crucial est la persistance de ces mondes. Vous pouvez les quitter à tout moment, mais lors de votre retour, vous trouverez qu'ils ont évolué grâce à l'activité des autres participants. Cela est également vrai dans le metaverse, où le monde continue de se développer même en votre absence.

La différence entre le metaverse et les jeux vidéo actuels est la levée, a priori, de la limitation quant au nombre de participants, et le souhait des acteurs qui construisent le metaverse d'une interopérabilité qui permettrait à chacun de retrouver son avatar et ses actifs sur chacune des plateformes dans lesquelles il se rendra.

Aussi, le metaverse devrait permettre d'accéder à un panorama d'activités et d'expériences bien plus étendues, que nous décrirons plus tard.

*Pourquoi maintenant ?*

Si l'on reprend le fil historique et le contexte de vigilance accrue actuel, on est alors en droit de s'interroger sur la raison de l'emballement médiatique aujourd'hui, et sur les facteurs d'accélération d'adoption ou d'émergence d'expériences dans ces mondes virtuels.

En premier lieu, il est évident que la période de pandémie a sans le moindre doute accéléré l'adoption de certains usages. Les chiffres le prouvent. La crise sanitaire, les couvre-feux et les successions de confinements ont démocratisé et accéléré l'usage des réseaux sociaux à travers le monde, toutes générations confondues. Entre janvier 2020 et janvier 2021, l'augmentation du nombre d'utilisateurs a presque doublé par rapport à l'année précédente.

Le deuxième facteur de mise en orbite du metaverse est l'arrivée à maturité de certaines technologies et des contenus proposés, notamment l'ensemble des éléments constitutifs du Web3, à savoir la blockchain, la décentralisation des plateformes, l'explosion des cryptomonnaies, et l'arrivée d'expériences de réalité virtuelle, augmentée et mixte satisfaisantes. Encore en construction, et potentiellement révolutionnaire au niveau de nos usages, de nos interactions, de nos modes de consommation, l'engouement massif pour le concept nous amène à essayer de définir ce que pourrait être le metaverse, bien qu'à cette date il n'existe pas de définition unique et globale à laquelle nous référer. Cependant, les experts trouvent un consensus dans certains critères permettant de comprendre ce qui se construit.

Vertigineux : une simple recherche du terme « metaverse » sur Google nous permet d'accéder à plus de 194 millions de résultats en juillet 2023, *vs* 51 millions en février 2022.

Décrit comme « le futur de l'Internet », le metaverse serait un ensemble de mondes virtuels dans lesquels nous pourrons nous façonner des avatars à notre goût, nous déplacer, nous habiller, danser, participer à un concert avec plusieurs millions de personnes, interagir socialement et professionnellement, un univers dans lequel monde fictif et monde réel se confondraient, et qui nous permettrait de vivre des expériences riches émotionnellement et sensoriellement.

Selon Brian Cooley, rédacteur en chef de CNET : « Au cours des cinq prochaines années, vous allez voir la technologie Metaverse devenir réelle, concrète et accessible. Je pense que cela sera phénoménal, mais je pense qu'il y aura plusieurs facettes et variantes, pas seulement une. » Ce que confirment tous les experts interrogés : il n'y aura aucun frein technologique au développement du metaverse et, d'ici la fin de la décennie, la puissance informatique sera largement développée pour nous permettre de créer et de bénéficier d'un Web3 fluide dans ses dimensions 3D, élément clé et constitutif du metaverse.

Alors que certaines expériences se targuent déjà de se produire dans le metaverse, les technologies telles que la réalité virtuelle, qui consiste en la simulation d'une image ou d'un environnement en 3D, et la réalité augmentée, qui consiste en la superposition d'une image générée à la vue du monde réel de l'utilisateur, joueront un rôle crucial pour donner pleinement vie au metaverse tel qu'envisagé à maturité. Si leur adoption semble encore embryonnaire, des signaux faibles montrent l'intérêt accru des consommateurs pour les équipements qui permettront à terme aux mondes virtuels de se démocratiser.

Au lendemain de Noël, en 2021 puis en 2022, l'application Oculus, filiale du groupe Meta qui développe des casques et qui distribue des expériences de réalité virtuelle sur une marketplace dédiée, a été téléchargée plus de 2 millions de fois à travers le monde, la hissant en tête des applications les plus téléchargées aux États-Unis ce jour-là.

Plus ambitieux, Mark Zuckerberg annonce en avril 2022 au média The Verge avoir désormais un objectif : celui de remplacer nos smartphones par des lunettes de réalité virtuelle. Pour ce faire, le PDG de Meta déploie une roadmap qu'il précise : dès 2024, la firme devrait mettre sur le marché un nouveau périphérique au nom de code « Nazare », qui prendra la forme d'un casque de réalité virtuelle autonome, c'est-à-dire qui ne nécessitera pas la connexion à un smartphone pour fonctionner, couplé à un dispositif dédié à la répartition de la puissance de calcul. Fidèle à ces précédentes annonces, la conférence « Meta Connect » du 27 septembre 2023 a été l'occasion de dévoiler deux nouveaux dispositifs, la troisième génération du casque de réalité virtuelle Meta Quest et l'évolution des lunettes de réalité augmentée Ray-Ban Stories, chacun des dispositifs confirmant l'ambition de la firme d'accélérer le déploiement de dispositifs immersifs faisant appel à l'intelligence artificielle pour une navigation toujours plus fluide entre notre monde physique et nos réseaux sociaux. Leurs prochaines versions, plus légères, plus abouties, plus performantes et au design toujours plus attrayant, verront le jour en 2026 puis en 2028.

Si les différents matériels dédiés à la réalité virtuelle attirent pour le moment surtout un public technophile, Meta se donne l'objectif d'en démocratiser l'adoption à l'horizon 2030 et de s'imposer face aux produits concurrents, notamment ceux d'Apple, avec un objectif d'1 milliard de personnes équipées d'ici la fin de la décennie.

En parlant d'Apple, l'entreprise bien connue pour imposer l'adoption d'équipements innovants (on se souvient de l'iPod, de l'iPhone, de l'iPad, de l'Apple Watch) a révélé lors de sa keynote 2023 son tant attendu casque de réalité augmentée. Tim Cook, dans les pas de Steve Jobs, a estimé que l'Apple Vision Pro est « une plateforme de réalité augmentée inédite et un produit révolutionnaire ». Ce nouvel outil intègre un mode d'interaction inédit faisant appel uniquement à nos yeux, nos mains et notre voix. L'annonce marque un point de bascule crucial dans notre rapport au numérique, ouvrant la voie à des changements profonds dans nos vies quotidiennes, transformant notre rapport aux écrans et brouillant de plus en plus la frontière entre mondes physique et virtuel.

En théorie, ces nouveaux dispositifs devraient donc bouleverser nos vies. Mais reste à identifier si les différents acteurs sauront nous convaincre du caractère indispensable de ces outils numériques pour faciliter notre quotidien. On estime qu'il faudra cinq à sept ans avant d'atteindre un usage massif de ces nouveaux dispositifs.

### *La meta-economy*

Avec ces nouveaux usages, une nouvelle économie se dessine. D'Accenture à Deloitte, en passant par PWC ou JP Morgan, les plus grands cabinets de conseil à travers le monde tentent de la définir, avec des projections différentes, mais tous attestent de l'émergence d'une économie florissante qui pèsera d'ici la fin de la décennie plusieurs centaines de milliards de dollars. Selon le cabinet McKinsey, d'ici 2030 le metaverse représentera un marché de 5 000 milliards de dollars et, selon Gartner, dès 2026, 25 % de la population passera au moins une heure par jour dans le metaverse.

Pour Nicolas Bouzou, directeur fondateur de la société d'études économiques Asterès, il est bien trop tôt pour prédire combien pèsera ce marché à l'horizon 2030 et il ne faudrait pas tomber dans des écueils similaires aux analystes tels que Goldman Sachs responsabilisant ChatGPT de la suppression de millions d'emplois. Selon lui, si l'on ne peut pas encore prédire quels seront les usages du metaverse, ni le lien entre intelligence artificielle et metaverse, nous ne sommes pas en mesure d'évaluer un marché qui n'existe pas encore.

Quoi qu'il en soit, la meta-economy existe déjà, elle englobe toutes les sources de revenus directement ou indirectement liées au metaverse, impacte toutes les industries, et les opportunités commerciales du metaverse vont bien au-delà des opérations destinées aux consommateurs.

Parmi les sources de revenus à envisager, on distingue deux catégories d'activités, celles dites « immergées » qui concernent toutes les activités qui se passent directement dans le metaverse, comme l'achat de terrains ou de biens virtuels, et les activités non immergées qui sont toutes celles qui dans le monde « réel » permettent le développement et la bonne utilisation du metaverse, telles que la vente des casques de réalité virtuelle ou le salaire de ceux qui travaillent sur ces sujets.

Le metaverse pourrait favoriser le développement de nouveaux modèles économiques et de nouvelles sources de revenus pour le grand public, tels que le « play-to-earn* », le « create-to-earn* » et même le « learn-to-earn* », des modèles économiques permettant au joueur ou à l'utilisateur de gagner de l'argent tout en ayant des activités dans les mondes virtuels, transformant des activités ludiques et récréatives en véritable travail.

Les premiers utilisateurs montrent le chemin de certaines des possibilités commerciales du metaverse, la vente de NFT étant au centre de la meta-economy. En effet, selon le *Financial Times*, l'adoption croissante des NFT dans le metaverse pourrait être le point de départ d'une nouvelle économie. En 2021, ce ne seraient pas moins de 2,7 millions de portefeuilles uniques qui auraient été créés pour un volume d'échanges de 24,9 milliards de dollars. Et Nicolas Bouzou de conclure : la vraie réflexion à avoir n'est pas tant « Quels sont les nouveaux marchés ? » mais plutôt « Comment se transforme l'économie existante, comment se transforment les métiers actuels ? ».

# CHAPITRE 2

## *Un univers déjà réel*

> « Si vous voulez quelque chose que vous n'avez jamais eu, vous devez faire quelque chose que vous n'avez jamais fait. »
>
> Thomas JEFFERSON

S'il se développe ainsi que le prédisent les analystes, le metaverse aura un effet considérable sur l'ensemble des secteurs d'activité et sur tous les métiers d'une entreprise, à commencer par le marketing et par le recrutement de salariés aux profils technologiques et digitaux.

À ce stade, des usages se développent, et de nombreuses marques, majoritairement des multinationales du secteur du luxe ou du retail, touchées par la vague FOMO (« fear of missing out », *i.e.* la peur de rater quelque chose, notamment sur les réseaux sociaux), font déjà preuve d'inventivité en recourant à différentes mécaniques marketing actionnables directement dans les mondes virtuels : placement de produit, vente de produits « direct-to-avatar* », développement d'expériences sous format NFT, showrooms virtuels qui donnent accès à une livraison de produits dans le monde « réel »… En parallèle, ces nouvelles pratiques s'accompagnent d'une évolution des stratégies d'influence avec notamment la multiplication d'influenceurs virtuels (dont certains sont déjà suivis par plusieurs millions de personnes sur les réseaux sociaux) et l'émergence du concept de metapreneur.

De fait, à l'avenir, les marques devraient être, encore plus que sur les médias sociaux, confrontées à une concurrence accrue dans la production de contenus inédits et d'expériences innovantes créés par les internautes eux-mêmes, qu'ils soient réels ou virtuels, qu'ils soient le fruit d'une création « humaine » ou d'une intelligence artificielle, et ce, pour capter toujours mieux l'attention du public. Le metaverse et le Web3 donneront encore davantage l'opportunité aux marques d'être en contact avec leurs clients potentiels durant l'ensemble de leur processus d'information et de décision, sans respecter l'ordre des étapes du tunnel de conversion.

Enfin, dans le panorama du metaverse, la fidélisation des clients va transfigurer le marketing tel que nous le connaissons et deviendra un enjeu majeur pour toute entité, du micro-entrepreneur au géant industriel. Au cœur de cette dynamique, nous pourrons voir émerger des systèmes de récompenses innovants, à l'image des tokens. Ces tokens, évolution naturelle des points de fidélité et des bons d'achat traditionnels, pourraient offrir des possibilités encore inédites.

Les clients les plus fidèles se verraient ainsi octroyer ces tokens en reconnaissance de leur loyauté. Mais loin de se limiter à des réductions commerciales, ces tokens pourraient ouvrir la porte à des expériences hautement personnalisées. Imaginons par exemple que ces tokens permettent d'accéder à des environnements virtuels exclusifs, de débloquer des fonctionnalités premium ou encore de personnaliser des produits ou services selon ses préférences individuelles. Ces mécaniques de personnalisation poussée permettraient non seulement de renforcer l'engagement des clients, mais également de leur offrir une valeur ajoutée unique, en parfaite adéquation avec leurs attentes.

Ces tokens pourraient par ailleurs incarner une nouvelle forme de démocratie d'entreprise et conférer à leurs détenteurs le droit de participer à la gouvernance des plateformes, ou même de leurs marques préférées. Au-delà d'une simple transaction commerciale, les clients deviendraient des acteurs à part entière de l'entreprise, impliqués dans son développement et sa stratégie et qui révolutionneraient la relation entreprise-client, la transformant en un partenariat participatif et dynamique. Cette approche, résolument tournée vers l'avenir, pourrait marquer le début d'une ère de cocréation et de collaboration dans l'univers du metaverse.

Tout cela s'accompagnera évidemment d'une production astronomique de données. L'enjeu majeur sera donc d'être en mesure de les récolter, de les analyser et de les exploiter. Pour adopter une stratégie pertinente, toute entreprise ou institution, qu'elle soit publique ou privée, devra se poser de multiples questions : comment dois-je me positionner face au metaverse ? Quelle attitude vont adopter mes clients / citoyens / patients / prospects ? Quelles nouvelles expériences puis-je imaginer ? Comment développer mon activité grâce à ces nouveaux canaux de communication et de distribution ? Comment conserver ou gagner des parts de marché ? Sur quelles plateformes dois-je développer mes premières expériences pour bien appréhender ces nouveaux usages ? Avec quels partenaires ?

Comme pour tout concept naissant, une analyse appliquée des jeux d'acteurs et une veille des premiers usages s'imposent.

### *La technologie au cœur de la révolution*

L'ensemble des experts interviewés pour ce livre s'accorde sur un point : si le metaverse prend vie, c'est avant tout dû aux technologies qui arrivent à un niveau de maturité suffisant pour développer des expériences fluides et suffisamment ludiques pour que le grand public s'y intéresse.

Pour le cabinet Arthur D. Little, il y a deux ingrédients qui permettent aujourd'hui au metaverse de se démocratiser : l'accélération du taux d'adoption des univers virtuels, dont la croissance est principalement aujourd'hui drainée par l'industrie des jeux vidéo mais aussi par la crise sanitaire qui nous a plongés, à titre personnel ou professionnel, dans l'adoption massive d'expériences digitales ; le niveau de maturité de la technologie, aussi bien s'agissant des softwares que des hardwares.

Néanmoins, le degré de maturité n'est pas encore suffisant pour le metaverse tel qu'envisagé par Meta et les autres acteurs qui mènent la danse. Pour Nicolas Bouzou, nous ne sommes pas encore dans la phase de la synthèse créative qui sera le moment de convergence de trois technologies, à savoir le metaverse, l'intelligence artificielle et la robotique, et qui créeront conjointement la possibilité d'applications à forte valeur ajoutée dans le temps. Au début de l'année 2023, le metaverse permet tout de même d'ores et déjà des cas d'usage utiles à de vraies entreprises qui génèrent un chiffre d'affaires significatif.

Par ailleurs, le metaverse est un marché à la croisée de trois industries qui sont en train de converger. La première est celle du jeu vidéo, très longtemps ignorée par les autres industries car considérée comme n'étant pas particulièrement sérieuse, phénomène rattrapé par une prise de conscience que ce qui a été développé par le jeu vidéo peut leur être utile. La deuxième concerne tout ce qui a trait aux outils de collaboration et de travail à distance, avec des acteurs tels que Microsoft. La troisième industrie qui draine le metaverse est celle des réseaux et des médias sociaux.

Ceci nous amène alors à segmenter ce phénomène en trois types de metaverses. Le premier, le metaverse

« consommateur », est celui destiné à des individus et va nous permettre de socialiser, de jouer, de partager entre amis. Le deuxième, le metaverse « entreprise », va permettre de collaborer à distance. Le troisième, le metaverse « industriel », permet la collaboration technique avec en son cœur le jumeau numérique.

La segmentation des acteurs qui le développent est tout aussi importante et de très nombreuses entreprises se concentrent sur le développement de technologies, de softwares, d'hardwares, de processeurs, de réseaux et autres plateformes et logiciels à l'avant-garde de ce que devrait devenir le metaverse. Certains vont s'adresser directement à des utilisateurs finaux, qu'ils soient « grand public » ou « professionnels ». Ils proposent des expériences, des casques de réalité virtuelle, des plateformes de jeux où se retrouver. D'autres développent ces technologies utilisées par d'autres entreprises qui développent elles-mêmes leur part du metaverse.

Parmi ces acteurs, certains sont pionniers ou à ce stade leaders dans leur domaine. Outre Meta, au moins six des plus grandes entreprises cotées au monde – Amazon, Apple, Google, Microsoft, Nvidia, Tencent – se préparent également à l'arrivée du metaverse. D'autres, moins connues du grand public, ont un rôle clé à jouer pour permettre aux expériences de se fluidifier, et aux usages de se démocratiser.

Meta (précédemment Facebook) fait bien sûr référence, ayant embauché 10 000 personnes dédiées à ce projet. Elle a annoncé dépenser 10 milliards de dollars en 2021, puis

1 milliard de dollars par mois à partir de 2022. D'ici 2030, ce devrait être plus de 100 milliards de dollars que la firme américaine investira dans le développement des usages et autres accessoires dédiés aux mondes virtuels. À ce stade, les produits présentés par la plateforme connue pour ses réseaux sociaux ressemblent plus à des prototypes qu'à de vrais cas d'usage industriels. L'adaptation des outils et du lieu de travail dans les metaverses est une des grandes ambitions de Facebook. Horizon Workrooms, espace virtuel de collaboration professionnel, encore très expérimental en 2022, promet de devenir une plateforme révolutionnaire. Meta signe des partenariats avec Microsoft Teams et Zoom pour intégrer les environnements immersifs dans les systèmes de visioconférence.

Parmi les autres grands de la tech, Google, Microsoft et Apple sont aussi dans une phase d'investissement massif. Malgré leur échec commercial (sûrement bien trop avant-gardiste à l'époque), Google a été le premier à proposer des lunettes Google Glass en 2014 et a injecté 39,5 millions de dollars dans un fonds qui investit directement dans des projets de metaverse. Microsoft a annoncé la création de Mesh pour Teams, une plateforme qui permettra aux utilisateurs de se connecter via des avatars 3D ou 2D dans la plateforme de visioconférence. Satya Nadella, le patron de la firme, a mentionné l'utilisation du metaverse pour le jeu vidéo, avec des mondes 3D peuplés d'avatars interagissant dans un but ludique. À ce titre, il a conclu un accord pour racheter le leader du jeu vidéo Activision Blizzard pour 68 milliards de dollars et travaille sur sa technologie Holoportation permettant aux utilisateurs de se téléporter au sein de mondes virtuels dans une version photoréaliste d'eux-mêmes.

Nvidia, entreprise américaine spécialisée dans la conception de processeurs graphiques, est l'une d'entre elles. Reconnue par l'industrie du jeu vidéo, elle est une des entreprises les plus en vue dans le développement de logiciels dédiés aux jumeaux numériques, notamment via Omniverse, une plateforme de simulation et de collaboration qui sert de lien entre des mondes virtuels 3D et qui permet aux concepteurs, aux artistes et aux experts de travailler ensemble en temps réel sur des applications logicielles de pointe dans un monde virtuel partagé, où qu'ils se trouvent.

Toujours très utilisé dans le domaine des jeux vidéo, Unity propose une gamme complète de solutions logicielles dédiées à créer et à monétiser du contenu interactif en 2D et 3D en temps réel.

À une autre échelle, Arianee a développé une technologie de gestion des NFT pour les marques de mode et du luxe, qui peuvent ainsi associer leurs produits à des certificats d'authenticité et de traçabilité sur la blockchain, que leurs clients peuvent alors conserver dans leur « wallet » (portefeuille) digital. Interviewé, Pierre-Nicolas Hurstel, CEO et cofondateur de l'entreprise française, voit en Arianee « une solution intégrée end-to-end qui permet aux marques de créer de la valeur dans l'Internet décentralisé ».

Ready Player Me est une plateforme de création d'avatars personnalisés qui permet à chacun, à partir d'une photo de soi ou de façon libre, de se créer un ou plusieurs avatars, compatibles sur près de 3 000 plateformes virtuelles. Avec une levée de fonds de 13 millions de dollars fin 2021, l'entreprise collabore déjà avec des marques telles qu'Adidas ou Dior.

Roblox est une plateforme de jeu vidéo multijoueur (dit MMORPG) qui propose à ses utilisateurs, s'ils le souhaitent, de développer eux-mêmes les jeux auxquels ils jouent. L'ensemble des jeux du catalogue est accessible gratuitement, mais la notion d'argent y est omniprésente, via le Robux, une devise virtuelle indexée sur le dollar et qui permet à ses joueurs d'acheter toutes sortes de contenus optionnels (vêtements, accessoires, plugins de développement, etc.). De nombreuses marques ont déjà collaboré avec la plateforme, à l'instar de Nike ou de Gucci qui y ont développé leur propre monde (Nikeland, Gucci Garden...). En 2022, Roblox annonçait un nombre d'utilisateurs record dépassant les 60 millions de joueurs actifs au quotidien et générant un chiffre d'affaires avoisinant les 2 milliards de dollars. Ses concurrents sont Fortnite ou encore Minecraft.

The Sandbox & Decentraland sont deux plateformes qui offrent aux entreprises comme aux particuliers la possibilité de s'offrir une parcelle de terrain pour y construire sa maison ou son magasin virtuel, alors valorisés en monnaie locale, le SAND ou le MANA. Sur ces terrains, on peut se retrouver, assister à des concerts, visiter des showrooms... Le marché global de la vente de terrains virtuels aurait dépassé les 500 millions de dollars en 2021 et le coût minimum d'entrée pour l'acquisition de la plus petite parcelle est aux alentours de 7 000 dollars. Fierté made in France, The Sandbox propose 166 464 parcelles et a déjà attiré pas moins de 300 marques au sein de son univers numérique telles que Carrefour, AXA, Gucci, HSBC, Warner Music... Et même le rappeur Snoop Dogg.

*Des expériences déjà concrètes*

Depuis que le mot « metaverse » s'est répandu comme une traînée de poudre, le nombre d'initiatives venant de marques, d'institutions publiques ou privées, d'acteurs de tous secteurs d'activité cherchant à se faire une place dans les nouveaux espaces numériques se multiplie.

Imaginez un centre-ville virtuel qui vous donnerait accès à des biens, des boutiques ou des services à exploiter dans le monde virtuel ou dans le monde réel. Dans une de ces boutiques, vous pourriez par exemple acheter une tenue pour votre avatar à porter pour toutes les activités que vous effectueriez dans le metaverse (rencontres entre amis, activités sportives ou culturelles, mais aussi réunions professionnelles). Certaines boutiques vous permettraient aussi de vous faire livrer ces vêtements, que vous auriez personnalisés, directement à votre domicile dans le monde réel. Au fil du temps, vous pourriez même accéder à un centre commercial complètement personnalisé au regard de vos envies, de vos goûts et de vos choix passés, et ce, grâce à l'analyse poussée de vos données et à l'intelligence artificielle. Pour effectuer vos achats, souscrire à un service public ou accéder à un conseil santé, vous pourriez être assisté par des assistants virtuels, et même retrouver vos amis pour faire du shopping – virtuel – ensemble, comme dans la vie réelle, mais sans contrainte géographique ni horaire.

Futuriste ? Pas tout à fait. Nous irons plus loin dans cet ouvrage dans la description de scénarios prospectifs, de nombreuses marques et entreprises se positionnant déjà pour faire des mondes virtuels de véritables lieux d'expérimentation.

De façon surprenante, pourtant historiquement reconnu comme traditionnaliste et conservateur, le secteur du luxe se montre être le plus avant-gardiste, marques et grandes maisons mondiales multipliant les expériences et les collaborations avec les plateformes virtuelles. Cherchant à comprendre la raison de cette proactivité, nous avons contacté Charles-Édouard Bouée, ex-directeur général de Roland Berger, expert des marchés asiatiques et de l'innovation disruptive. Son analyse est claire : il faut garder en tête que les pays d'Asie tels que la Chine et la Corée du Sud ont sauté une génération technologique. Ils sont passés directement au téléphone portable avec grand écran sans passer par la case ordinateur. Très vite, et parce que c'est culturel, les populations locales se sont mises à jouer sur leurs petits écrans à différents jeux : toute une population est déjà dans une sorte de metaverse, les pays asiatiques seront alors pionniers (et le sont déjà) s'agissant de l'adoption d'expériences dans le metaverse.

L'industrie du luxe a comme clientèle une grosse part de la population de ces pays émergents qui ont atteint un statut justement parce qu'ils possèdent des produits de luxe. Les entreprises du secteur du luxe ont mécaniquement été happées par leur propre clientèle, qui les pousse à se transformer, à innover, à s'adapter.

Dans le rapport State of Fashion Technology Report 2022, la société de conseil McKinsey dévoile les leviers sur lesquels l'industrie de la mode doit investir pour « optimiser ses ressources technologiques ». En tête de liste, le metaverse, les NFT et la mode numérique.

Plus de la moitié des maisons de luxe françaises seraient ainsi en phase de test ou de planification de lancements NFT avant 2025, un chiffre qui grimpe à 72 % pour les griffes adossées à un grand groupe. C'est donc ainsi qu'en quelques mois, les grands noms du luxe se sont essayés à proposer des expériences dans les mondes virtuels, à l'instar de Gucci qui a offert dès 2021 sur la plateforme Roblox une expérience complémentaire à l'exposition physique *The Gucci Garden Archetypes* installée à Florence. Sur Roblox, les internautes pouvaient acquérir des éditions limitées de NFT. Cette initiative rapporta environ un million de dollars à la marque. Ajoutons qu'en mars 2023, plus de 70 marques ont participé à la première édition de la Metaverse Fashion Week dans Decentraland, obligeant les participants à s'y créer un compte et un avatar, leur donnant la possibilité de faire l'acquisition de vêtements virtuels.

De façon générale, toute l'industrie de la mode et des cosmétiques se mobilise pour se faire une place et glorifier son image de modernité. On peut ainsi pointer l'initiative de la marque grand public Zara qui, sur la plateforme asiatique Zepeto, propose aux utilisateurs de faire l'acquisition en simultané de produits sous forme NFT dédiés à son avatar, et de se faire livrer à domicile la version réelle.

Autre symbole du souhait des maisons de luxe d'attirer une cible plus jeune, la collaboration sur la plateforme Roblox de deux marques au positionnement diamétralement opposé : la marque de luxe Gucci et la griffe streetwear Vans proposent un pont sans détour entre leurs deux univers « Gucci Town » et « Vans World », permettant aux joueurs de récolter des accessoires, des tissus, des sacs à dos ou encore une paire de baskets pour leur avatar.

Loin de l'éclat du luxe et de la mode, un autre secteur se profile à l'horizon du metaverse : celui de l'agroalimentaire, de la grande distribution et du retail. Ici aussi, la transition numérique est en marche et promet d'offrir des expériences clients novatrices et attrayantes.

Une étude récente révèle que 70 % des consommateurs ayant visité une boutique virtuelle ont effectué un achat. Un signe fort qui a encouragé le groupe français Carrefour à faire le grand saut en achetant une parcelle de terrain équivalente à 36 hectares dans The Sandbox, opération justifiée par le groupe en ces termes : « Si l'innovation est au cœur de notre modèle (...) une chose est sûre, nous ne ferons pas un copier-coller du magasin physique, le but n'est pas ici de faire de l'e-commerce. »

Ses concurrents et autres acteurs du retail et de la grande distribution à travers le monde se montrent tout aussi dynamiques. À titre d'exemple, le Club Leader Price (groupe Casino) a lancé en avril une nouvelle initiative auprès de ses clients qui se sont vu offrir des NFT dans leurs commandes alimentaires sous la condition du statut membre et de la création de leur « Leader Price Wallet », développé en collaboration avec Arianee. Au total, ce sont 1 000 NFT qui ont été mis en jeu et qui ont permis aux heureux bénéficiaires d'accéder à un panel de promotions et de récompenses, et même de les échanger sur un marché secondaire.

Phénomène planétaire, le leader mondial des vêtements de sport Nike fait référence avec Nikeland, son showroom virtuel lancé en 2021 sur Roblox. Depuis, des millions d'utilisateurs ont pu participer à des dizaines d'événements, s'adonner à des jeux sportifs, assister à des compétitions virtuelles de création de baskets et de vêtements, et interagir avec d'autres adeptes de Nike dans le monde entier. En décembre 2021, Nike est allé un peu plus loin dans sa quête d'exploration du metaverse avec l'acquisition de RTFKT, une entreprise connue pour la création de baskets virtuelles et d'objets de collection numériques. Nike a ainsi lancé sa Nike Air Force 1 Forging Event. Les utilisateurs pouvaient acheter l'une des dix collections NFT et recevoir une copie physique de la NFT (c'est-à-dire des baskets Nike).

On peut facilement imaginer à terme l'élaboration de programmes de fidélisation et le développement de la notion de « visit-to-earn », dont l'objectif serait de rémunérer via des actifs numériques les clients qui se déplaceraient et achèteraient en magasins physiques. Outre-Atlantique, l'enseigne Domino's Pizza montre qu'il est possible de faire en virtuel tout ce qui est possible dans le monde réel, y compris aller au restaurant, via une incursion sur la plateforme Decentraland et un distributeur de pizza disposé sur la route de son avatar qui peut, au détour d'une promenade, commander la pizza de son choix. Une fois la commande passée, celle-ci est livrée directement à domicile.

La préoccupation grandissante des clients pour une consommation éco-responsable oriente de plus en plus les industries vers une représentation virtuelle de leurs processus. On peut donc aisément imaginer que le secteur de la distribution alimentaire investira le metaverse pour mettre en scène les circuits courts, détailler la conception des aliments, et garantir la traçabilité des produits.

Dans le même élan d'adaptation au monde numérique, le secteur du sport et du divertissement s'ouvre également aux opportunités qu'offre le metaverse. Les acteurs de ce domaine, qu'il s'agisse des clubs sportifs ou des entreprises de divertissement, cherchent à élargir leur terrain de jeu afin de proposer des expériences de plus en plus immersives.

À l'ère du metaverse, le simple spectateur ne se contente plus d'assister à des manifestations sportives ou à des spectacles. Il peut désormais être immergé au cœur de l'action, rencontrer virtuellement les joueurs ou les artistes, et bien sûr, acquérir des produits dérivés pour ses avatars numériques.

Les plus grands clubs de foot sont à l'avant-garde, à l'instar du club Manchester City qui collabore déjà avec Sony dans la construction à l'identique de son célèbre stade dans le metaverse. Le sportif quant à lui n'est plus limité géographiquement et part à la rencontre d'une communauté mondiale de passionnés.

Les opportunités de monétisation pour les marques sont multiples, mais aussi pour les participants, ce qui fait émerger le concept de « move-to-earn », et vient contredire tous ceux qui pensent que le metaverse va favoriser la sédentarité.

Dans les faits, l'activité sportive comme le footing ou la marche pourra être rémunérée. Une tendance émergente que la marque Asics a saisie en s'associant avec l'application STEPN qui permet de gagner de la cryptomonnaie simplement en marchant ou en courant. Pour accéder aux récompenses, l'utilisateur doit faire l'acquisition d'une paire de baskets virtuelle sous forme de NFT au sein de l'application ou sur une plateforme d'échange. L'argent gagné par l'utilisateur peut servir à améliorer les chaussures virtuelles, en acquérir des nouvelles…

Toute la collection de cette première collaboration a été vendue en quelques heures, et aujourd'hui le prix de ces chaussures virtuelles dépasse la somme de 3 800 dollars. On peut facilement imaginer que la marque va continuer à animer cette communauté d'early-adopters et même leur proposer des offres spécifiques lors de leurs passages en magasins physiques, à l'instar de son concurrent Adidas.

Convaincu de l'opportunité financière que représente ce marché, Meta tente de racheter la société Within Unlimited et son application d'exercice physique en réalité virtuelle Supernatural fin 2021, rachat qui à l'heure où ces lignes sont écrites, au cours de l'été 2022, est suspendu par l'autorité de la concurrence américaine qui juge l'opération illégale, considérant la maison mère d'Oculus déjà dominante sur le marché de la réalité virtuelle.

Le divertissement n'est pas en reste, dopé par la crise du Covid et les nombreuses injonctions à rester chez soi. Sur Fortnite, dès avril 2020, en plein confinement, 12,3 millions de joueurs ont pu assister au concert virtuel du rappeur américain Travis Scott, pendant une dizaine de minutes, via leurs avatars. L'artiste aurait empoché pour ce seul concert 20 millions de dollars… contre 1 million pour chaque concert donné dans la « vie réelle ».

Les parcs de loisirs, qui ne sont plus limités par des contraintes physiques comme le nombre de visiteurs ou les heures d'ouverture, voient dans le metaverse une opportunité sans précédent. Des géants comme Epic Games, créateur du célèbre jeu vidéo Fortnite, et Lego ont annoncé leur intention de développer leurs propres metaverses, en veillant particulièrement à garantir le bien-être des enfants dans ces espaces numériques.

Tout comme le divertissement, le domaine de l'éducation et de la formation s'ouvre également aux potentialités du metaverse. L'enseignement et les méthodes d'apprentissage pourraient être considérablement améliorés, non seulement pour les plus jeunes mais aussi pour les adultes dans le cadre de leur formation continue.

Selon une étude de McKinsey, l'éducation sera le deuxième domaine le plus impacté par le metaverse, derrière le e-commerce. Une autre étude de PwC indique que les étudiants apprendraient quatre fois plus rapidement et se sentiraient trois fois plus confiants dans l'acquisition de leurs compétences grâce à l'immersion dans le metaverse.

Déjà à l'époque de Second Life, de nombreuses universités à travers le monde, à l'instar de celles de la Caroline du Nord, de l'Ohio ou encore de Leeds, y installèrent une « branche » virtuelle proposant à leurs professeurs de donner leurs cours magistraux sous forme d'avatars. Dans son ouvrage *Teaching Healthcare in Virtual Space*, Estelle Codier, professeure associée à l'université d'Hawaii qui y a formé des étudiants infirmiers, parle de l'avantage de ce type d'environnement dans l'interaction. Selon elle, les étudiants cachés derrière leurs avatars gagnent en confiance et posent plus de questions qu'ils ne le feraient en cours.

En ce début d'année 2023, de plus en plus d'entreprises et d'institutions éducatives utilisent la formation par réalité virtuelle pour offrir des formations de haute qualité à leurs employés et étudiants. Elle permet de créer des environnements simulés en 3D qui permettent aux apprenants de monter en compétences dans un environnement sûr et contrôlé et d'être confrontés à des situations difficilement duplicables en vie réelle.

On pense notamment à la bonne attitude à adopter en cas d'incendie, à celle adaptée pour un apprenti chirurgien, aux bons gestes à effectuer dans la conduite de métiers manuels… en toute sécurité, sans risquer de se blesser, tout en se prémunissant d'erreurs coûteuses ou de dommages matériels.

Chez Renault, les peintres des carrosseries des voitures qu'on retrouve déjà chez nos concessionnaires sont formés grâce à la réalité virtuelle. Revue et correction des gestes, formation moins polluante, suppression des dépenses de matière première… le choix fait sens. Les avantages de la formation par réalité virtuelle sont nombreux et offrent une flexibilité, notamment via l'adaptation aux besoins individuels de chaque apprenant.

En somme, la formation par réalité virtuelle est une méthode d'apprentissage innovante et efficace qui permet aux apprenants de mettre en pratique leurs compétences de manière réaliste et interactive, tout en réduisant les risques et en améliorant la qualité de la formation.

Bien sûr, cette méthode d'apprentissage n'est pas adaptée à tous, ni à toutes les situations. Tout d'abord, certains individus peuvent avoir des problèmes de santé ou des conditions médicales qui peuvent rendre la simulation en réalité virtuelle inconfortable ou même dangereuse. Par exemple, les personnes souffrant de troubles de l'équilibre ou de vertiges peuvent éprouver des sensations désagréables lorsqu'elles portent un casque de réalité virtuelle, et ce, plusieurs mois après l'expérience. Ensuite, dans certains cas, les coûts de mise en œuvre peuvent être onéreux, notamment si la formation en elle-même doit faire appel à la création d'environnements sophistiqués, ce qui peut rendre la formation par réalité virtuelle inaccessible pour certaines personnes ou organisations.

Que ce soit pour découvrir le monde sans sortir de chez soi, ou pour mieux préparer ses futurs voyages, le secteur du tourisme va lui aussi évoluer à l'ère du metaverse.

Même si le tourisme dans le metaverse ne peut pas remplacer une expérience touristique vécue hors de chez soi, certains professionnels du secteur pourraient en tirer profit afin de faire connaître des sites peu accessibles ou méconnus.

Plusieurs phénomènes peuvent justifier l'attrait pour ces expériences. Musées, parcs nationaux, villes touristiques, hôtels et même compagnies aériennes… un pan entier de l'économie mis à l'arrêt par la crise sanitaire voit en ces nouvelles technologies une opportunité évidente de développer de nouvelles offres pérennes et propose déjà de nouvelles expériences immersives, destinées bien sûr à attirer de nouveaux clients ou à fidéliser leur clientèle, pour in fine développer et diversifier leur activité.

Parmi les premières offres notables, l'Asie et notamment la Corée du Sud fait une nouvelle fois figure de précurseur avec le projet Seoul Metaverse dont l'ambition est de devenir la première grande ville du monde à proposer un parcours touristique immersif et virtuel, pour visiter de n'importe où sur la planète les principaux sites touristiques de la ville.

Et même le Vatican s'y met, annonçant un accord historique avec Sensorium, société spécialisée dans la construction de metaverse, avec pour objectif de développer la toute première galerie de réalité virtuelle et NFT hébergeant l'art, le contenu et les initiatives académiques du Vatican.

Par ailleurs, dans un contexte écologique où prendre l'avion devient de plus en plus critiqué, on peut imaginer l'intérêt de certains à l'idée de voyager dans le monde entier en gardant sa conscience environnementale.

Pour pallier cette problématique d'empreinte carbone, la compagnie low cost espagnole Vueling offrira bientôt à ses clients la possibilité de visualiser et de réserver leurs voyages via la plateforme virtuelle Next Earth. Les billets commenceront à être mis en vente vers la fin de l'année et l'utilisateur pourra visualiser les trajets réels et l'empreinte carbone de chaque étape, ainsi que sélectionner et réserver le mode de transport le plus adapté à ses besoins.

Pour un cas d'usage « phygital », on peut noter la possibilité de visiter sa chambre d'hôtel avant de réserver celle qui nous conviendra lors de notre voyage « in real life ».

En matière de santé, nous pourrions tous largement bénéficier des nouveaux outils permis par le metaverse. Déjà portés par les nouvelles technologies, à l'ère du

Web3, les parcours patients et les formations des professionnels de santé pourraient encore gagner en efficacité.

Déjà aujourd'hui, grâce à la réalité augmentée et à la réalité virtuelle, de nombreuses facultés de médecine (principalement hors de nos frontières...) forment les chirurgiens de demain via des outils de simulation et de reproduction d'opérations chirurgicales qui ont vraiment eu lieu, permettant aux étudiants d'explorer le corps humain, de s'entraîner, d'être « au contact » de vrais patients ou d'hologrammes pour un apprentissage plus efficace que sur un corps déjà mort ou dans des livres de cours.

En juin 2022, un chirurgien de l'hôpital John Hopkins à Baltimore, dans le Maryland, a réalisé la première chirurgie de la colonne vertébrale guidée par un casque de réalité augmentée développé par l'entreprise Augmedics, dont les outils rendent alors les procédures médicales plus rapides et plus fiables.

Si la pandémie a accéléré l'adoption des téléconsultations, patients et professionnels de santé s'accordent pour leur trouver des limites : le manque d'intimité ou de cadre médical qui met le patient en confiance.

Grâce au metaverse, la distance entre les patients et leurs équipes médicales pourrait être réduite. Tout comme on imagine l'évolution des réunions d'équipe, on peut facilement imaginer que les nouvelles technologies permettront au patient d'être immergé sans bouger de chez lui dans le cabinet de son médecin, et ce en 3D.

Les communautés virtuelles de patients pourraient aussi en bénéficier et nous pourrions assister à l'émergence d'espaces virtuels spécifiques à des maladies chroniques ou faciliter des thérapies de groupe même si les patients sont éloignés géographiquement. C'est déjà une réalité. Le mois dernier, une expérience menée par l'association des narcotiques anonymes a montré les bénéfices du metaverse pour réunir un groupe de patients dans le metaverse. Rassemblés via leurs avatars, les patients témoignent d'une expérience agréable, permettant de s'exprimer librement.

À terme, on peut facilement imaginer l'émergence de cliniques virtuelles permettant aux patients d'être accueillis par des professionnels de santé virtuels, capables de prédiagnostics, et dirigeant chaque visiteur vers une salle de consultation adaptée. Comme tous les pans de l'économie, blockchain, NFTs et cryptomonnaie pourront être utilisés à chaque étape de la vie du patient pour délivrer des ordonnances, rémunérer le professionnel, bénéficier de soins particuliers…

À noter, en ce début d'année, CVS, la plus grosse chaîne de pharmacies américaine a déposé un brevet pour développer ses pharmacies et cliniques dans le metaverse, y vendre des biens virtuels et des services de santé. Cet exemple illustre bien comment le metaverse se déploie et s'immisce dans divers domaines du quotidien, bien au-delà des frontières traditionnelles du numérique.

Ce qui nous mène naturellement à évoquer l'industrie. En effet, les applications du metaverse ne se limitent pas aux secteurs du divertissement, du commerce, de la socialisation ou de la santé. Les possibilités semblent infinies, et de nombreux domaines industriels commencent à envisager des applications pertinentes et innovantes pour leurs activités.

Facilitateur technologique, certains parlent de « metaverse industriel ». Ses champs d'application seraient multiples et font appel entre autres au concept de « jumeau numérique », une réplique virtuelle à l'identique d'un objet, d'une ville, d'un outil industriel, d'une usine, d'un corps humain (ou d'une partie du corps, d'un organe). On peut alors faire le parallèle du jumeau numérique avec l'avatar d'un objet, son jumeau physique pouvant exister dans le monde réel, ou être un projet encore en cours de développement (notamment pour le développement de projets industriels, de construction de bâtiments, de villes...).

Les données recueillies concernant l'objet dans son univers virtuel permettent aux ingénieurs de créer en amont un objet virtuel, d'en anticiper et d'en optimiser les performances avant de le développer réellement et physiquement sur le modèle de son double, qui évoluera comme son jumeau réel, avec les mêmes traces d'usure liées au temps. Mieux, le concept de jumeaux numériques ouvre bien d'autres potentiels, notamment la collaboration d'experts et d'équipes multidisciplinaires basés aux quatre coins du monde.

En marge de cela, les industriels qui s'adressent directement au grand public, comme ceux du secteur de l'automobile, appliquent comme leurs confrères de la grande distribution ou du luxe de nouveaux codes en matière de marketing et de relation client.

À titre d'exemple, le constructeur Alfa Romeo a décidé d'associer un NFT à chaque vente de son prochain SUV. Les acquéreurs de chaque véhicule recevront un NFT unique et propre à leur voiture, dynamique tout au long de la vie du véhicule, c'est-à-dire que chaque entretien chez le concessionnaire pourra y être enregistré. C'est donc le carnet d'entretien du véhicule qui va être dématérialisé dans la blockchain via ce NFT. Lorsque le véhicule sera vendu sur le marché de l'occasion, ce NFT sera transmis au nouvel acquéreur avec le véhicule. La marque pourra alors être informée de cette cession et activer une communication dédiée via le *smart contract* du NFT.

Enfin, le metaverse pourrait servir de plateforme d'accès à des services publics. Déjà mentionnée précédemment, la municipalité de Séoul a ainsi annoncé qu'elle souhaitait ouvrir en 2023 sa propre plateforme de metaverse pour « s'affranchir des contraintes spatiales, temporelles ou linguistiques ». Cette plateforme intégrera des reconstitutions des principaux sites touristiques de la ville actuelle, mais aussi des reconstitutions d'éléments architecturaux disparus.

De nombreux services publics (économiques, culturels, touristiques, éducatifs, civils) seront proposés aux Séoulites qui pourront interagir avec des agents municipaux via leurs avatars. Des manifestations du monde physique seront dupliquées en virtuel afin de permettre au monde entier de les suivre, comme pour le Carnaval de Saint-Vincent-et-les-Grenadines en juin 2022.

À Singapour, le ministre de la Justice évoque l'idée de célébrer des mariages ou d'exécuter des procédures judiciaires dans le metaverse.

L'initiative la plus ambitieuse nous vient de Chine, la ville de Shanghai ayant lancé dès le mois d'avril 2023 des services metaverses dans vingt sites urbains. Proposés dans le cadre de programmes pilotes, ces metaverses couvrent sept champs d'application différents, sociaux ou commerciaux, tels que la vente de produits de grande consommation, l'éducation, la visite de sites touristiques, l'accès à des services de santé, ou des offres de divertissement, dans le but de fournir aux habitants de la ville ou aux touristes des services publics plus « intelligents ».

Pour l'ensemble des acteurs qui investissent déjà les nouvelles opportunités qu'offrent les univers virtuels, on note que leurs initiatives sont la preuve de leurs capacités d'innovation.

Toute entité, qu'elle soit publique ou privée, qui chercherait dès aujourd'hui à développer une stratégie dans les mondes virtuels, doit être prête à considérer le metaverse comme un « hub d'expérimentation » où tester, en même temps que ses consommateurs, et itérer dans ce nouvel espace d'interaction en constante évolution.

Comme pour tout projet, encore faut-il disposer de suffisamment d'informations afin de définir sa stratégie et se poser les bonnes questions pour utiliser les outils et les mécaniques marketing, technologiques et humaines les plus pertinentes.

*Quelques pistes stratégiques*
*pour une transition réussie vers le metaverse*

Dans une étude menée auprès de 200 entreprises ayant déjà investi le metaverse, 47 % d'entre elles affirment que ce sont leurs départements innovation qui ont la charge de ces initiatives, ce qui confirme qu'elles y voient là une réelle innovation technologique. En parallèle, 33 % des marques présentes dans le metaverse y investissent 10 à 20 % de leur budget.

À ce stade, toute structure, même si elle n'est pas encore prête à (s')investir massivement dans le développement d'expériences immersives, peut d'ores et déjà se préparer, anticiper l'avenir, et prendre dès aujourd'hui plusieurs mesures à moindre coût lui permettant d'être plus performante le moment venu.

Parmi celles-ci, la protection et le dépôt de sa marque dans les classes faisant référence au virtuel. Bien que la classification des biens virtuels destinés à être utilisés dans le metaverse soit encore floue, les lois internationales semblent suggérer que les marques de services devraient, au moins, s'enregistrer dans la classe 09, couvrant « produits ou services virtuels téléchargeables, nommément programmes informatiques pour utilisation dans des mondes virtuels en ligne » et la classe 41, couvrant « services de divertissement, à savoir fourniture de biens ou de services virtuels en ligne à utiliser dans des environnements virtuels créés pour le divertissement ».

C'est ainsi que l'enseigne de restauration rapide McDonald's a déposé pas moins de dix nouvelles marques, tout comme Nike qui a déposé pas moins de sept demandes incluant la protection de son célèbre slogan « Just Do It », de son logo à la virgule, mais aussi des logos « Air Jordan » et « Jumpman ».

Lorsqu'on est prêt à déployer une stratégie dédiée au virtuel, de nombreuses questions doivent être posées, comme pour n'importe quel projet de développement d'une nouvelle offre ou d'un nouveau produit : à qui est-ce que je veux m'adresser ? cette cible est-elle déjà présente dans les mondes virtuels et quel effort devrais-je fournir pour les embarquer ou les fidéliser ? de quel budget est-ce que je dispose ? quels types d'expériences est-ce que je veux proposer ? que font mes concurrents ? puis-je m'inspirer d'autres entreprises innovantes même si leur secteur d'activité n'est pas le même que le mien ? le projet est-il complémentaire avec un produit ou une offre physique ou est-ce pour l'entreprise l'opportunité d'une diversification d'activité ? s'il s'agit d'une diversification, est-ce toujours cohérent avec mes valeurs et mon positionnement ? dois-je développer ma propre plateforme ou collaborer avec une plateforme existante ? dois-je mobiliser des équipes internes (et éventuellement recruter des profils compétents) ou sous-traiter mon projet à une agence dédiée ?

Une analyse des premiers usages et le retour d'expérience des pionniers nous donnent des premières clés de lecture.

*Acculturez-vous ainsi que vos équipes* : toute innovation doit se heurter aux critiques du grand public et tout changement de stratégie ou restructuration interne doit confronter les craintes des équipes. Pour embarquer ses ressources internes et même l'équipe de direction, un travail de pédagogie et de formation est nécessaire. Faites l'expérience de l'acquisition de NFT, de cryptomonnaies, investissez dans des casques de réalité virtuelle, immergez-vous dans les différents univers, invitez vos collaborateurs à participer à des réunions de travail sur des plateformes dédiées, organisez une sortie d'équipe au sein d'événements immersifs...

*Allouez des ressources compétentes* : la constitution d'une équipe pluridisciplinaire dédiée aux projets Web3 est la clé pour permettre à l'entreprise d'explorer tout leur potentiel : technophiles, développeurs, responsables innovation mais aussi marketing et communication seront des atouts précieux pour réfléchir à un projet complet et global. Formez vos équipes à de nouvelles compétences, recrutez de nouveaux profils, mettez à jour vos fiches de poste et attirez les talents,

*Ne pensez pas technologie, pensez expérience* : tout comme aujourd'hui lorsqu'on développe une application, la question de l'environnement du développement vient se poser après avoir défini l'expérience finale attendue, les projets dédiés au metaverse doivent d'abord se focaliser sur la valeur ajoutée en termes d'offre, d'expérience, de relation clients souhaitée avant de penser à la plateforme à développer ou avec laquelle collaborer,

*À chaque secteur d'activité et à chaque taille d'entreprise, une stratégie dédiée :* c'est évident, et pourtant, il semble important de le rappeler. Un acteur de santé n'aura pas les mêmes intérêts ni légitimité qu'un gros acteur de la grande distribution. Selon sa stratégie et sa mission, il sera important d'étudier avec quelles plateformes collaborer, la nécessité d'acheter une parcelle de terrain sur une plateforme de gaming ou de développer une application de réalité virtuelle à intégrer directement dans le store Oculus (ou autres stores à venir),

*Pensez l'événementiel ponctuel et la pérennité* : l'objectif d'appréhender le Web3 au cours d'une opération spéciale (et donc par ricochet de faire l'objet d'un buzz en matière de communication) n'est pas le même que celui de développer de façon permanente une activité dans le metaverse. Le premier scénario peut nécessiter le développement d'un pop-up store sur une plateforme comme Decentraland, tandis qu'une activité plus pérenne peut amener à réfléchir à collaborer en marque blanche avec une plateforme « clé en main » telle que Gather, qui permet de personnaliser entièrement son univers fermé.

*Faites appel à des ressources externes :* tout comme à l'ère du Web2, nous avons parfois besoin de faire appel à des consultants pour nous aider à établir notre stratégie ou à des agences digitales pour nous aider à développer notre audience sur les réseaux sociaux, le Web3 voit émerger des structures dédiées à accompagner les entreprises dans l'élaboration et l'exécution de leur projet Web3. Acculturation, idéation, achats groupés de parcelles, développement d'environnements ou d'expériences en réalité virtuelle… un grand nombre de services peuvent aider à se lancer.

*Ne négligez pas l'exploitation de vos données* : déjà massives à l'ère du Web2, les nouveaux espaces vont produire une quantité de données astronomique. Savoir les exploiter sera la clé dans un contexte concurrentiel féroce et les data scientists seront une ressource précieuse pour donner un sens à cette explosion de données et être en mesure d'en retirer des informations suffisamment exploitables pour faire progresser l'entreprise.

## CHAPITRE 3

# *Imaginer demain*

« L'avenir nous tourmente, le passé nous retient, c'est pour cela que le présent nous échappe. »

Gustave FLAUBERT

La prospective est un art, diront certains ; une science, corrigeront les autres. Peu importe le qualificatif, il est en revanche certain que ce n'est pas une discipline qui consiste à prédire l'avenir, contrairement à ce que prétend le sens commun. La prospective est une activité qui sert à minimiser les chocs provoqués par les éventuelles surprises à venir. Elle atténue cette surprise en aidant à anticiper les possibles évolutions d'un phénomène. Elle aide à se préparer à toutes les éventualités. Pour cela, plutôt que de tenter de prévoir avec exactitude les événements à venir, elle tente d'identifier les tendances et les scénarios possibles. Elle dessine des trajectoires et des paysages plausibles pour le futur.

Le pionnier de la prospective à travers l'élaboration de scénarios était français. C'est lui qui a imaginé et déployé les outils que nous utilisons aujourd'hui. Au début des années 1970, Pierre Wack était le responsable de la planification stratégique de Royal Dutch Shell à Londres. Alors que l'industrie pétrolière était en pleine crise et que les prévisions traditionnelles semblaient de moins en moins fiables, Wack a introduit l'utilisation de scénarios pour explorer les futurs possibles et préparer l'entreprise à faire face aux incertitudes à venir. Il a utilisé des ateliers de scénarios pour stimuler la créativité et la réflexion prospective chez les dirigeants de Shell, et pour imaginer des futurs alternatifs qui pourraient se matérialiser. Dans les années 1970 et 1980, Pierre Wack et son équipe avaient identifié des scénarios d'éclatement de la bulle pétrolière et la consolidation du secteur qui a suivi. À deux reprises, en 1973 et 1979, ils ont permis à Shell de tirer profit des crises pétrolières et de l'entreprise. Ils ont utilisé des connaissances non conventionnelles provenant du monde entier pour faire prendre conscience aux managers du danger et les préparer à y faire face. Dans la foulée, en 1982, Pierre Wack quitte Shell et devient consultant. Il parvient à anticiper la fin de l'apartheid en Afrique du Sud. Ses conclusions inspirent alors Clem Sunter qui écrit un best-seller sur l'avenir de l'Afrique du Sud, et amène la population blanche à accepter la transition vers une société multiraciale.

La méthodologie de planification de scénarios conçue par Wack consiste avant tout à influer sur les schémas mentaux des décideurs. Et pour cela, il pensait que la meilleure façon d'y parvenir était de créer des scénarios, des histoires de l'avenir basées sur les tendances clés et les incertitudes du moment. Il utilisait alors ces histoires pour construire un système de conséquences, risques et opportunités associé à chaque version de l'avenir. Ce processus a été adapté dans les années 1990 et commencé à être enseigné dans les grandes écoles de management, en l'occurrence à l'Université d'Oxford.

Les grands acteurs de l'innovation radicale au début des années 2000, dans la Silicon Valley, s'inspiraient tous de ces travaux d'identification de tendances et de construction de scénarios. La bible parmi les bibles qui, trente ans auparavant, à la même époque que les premiers travaux de Pierre Wack, avait choisi la voie du storytelling et de l'anticipation de scénarios pour influer sur les schémas mentaux des décideurs, était l'ouvrage d'Alvin Toffler, *Future Shock*. Toffler y développe l'idée que la société des années 1970 passe de l'ère industrielle à superindustrielle par l'accélération effrénée des transformations technologiques et sociales. Toffler distingue trois étapes dans le développement de la société et de la production : l'agriculture, l'industrie et le post-industriel. Il postule que, dans une société post-industrielle, moins de 15 % de la population est occupée par l'agriculture tandis que plus de 50 % des travailleurs urbains sont employés dans le secteur des services. En dessinant ce scénario, il voit émerger l'ère de l'information… Il faut reconnaître la prouesse prospective dans les années 1970.

Ainsi, entre 1970 et 2000, l'approche par anticipation et la montée en puissance de la société de l'information changent la manière dont les acteurs de l'innovation radicale bâtissent et transforment les entreprises. Notre approche dans la suite de cet ouvrage s'appuie sur cette méthodologie et propose des évolutions possibles du marché du metaverse basées sur plusieurs scénarios.

Ces scénarios se projettent à long terme, à plus de sept ans, au-delà des années 2030. Ces méthodes peuvent paraître paradoxales : il est généralement plus aisé d'envisager les futurs à long terme que de prédire les faits à court terme. Car les projections à long terme se basent sur des tendances démographiques, technologiques, économiques, environnementales et politiques, qui peuvent évoluer lentement et de manière relativement prévisible. Par exemple, les grandes trajectoires dessinées par l'évolution exponentielle de loi de Moore (le doublement de la puissance informatique à coût constant tous les deux ans en moyenne) permettent d'anticiper les possibles révolutions à l'horizon d'une décennie, elles ne dictent en rien la date exacte à laquelle tel ou tel service ou produit sera démocratisé dans un horizon à court terme d'un ou deux ans.

Ces dix-huit derniers mois ont été particulièrement éclairants sur le sujet. Penchons-nous un instant sur l'émergence des IA génératives à partir de juillet 2022. Nous aurions tout autant pu faire cet exercice avec la fièvre des levées de fonds en cryptomonnaies, les ICO, en 2017, ou les NFT en 2021.

Il est incroyable de constater combien de nouveaux services et produits de génération de contenus par des intelligences artificielles ont littéralement jailli sur le marché en quelques mois : Midjourney, Stable Diffusion, ChatGPT, GitHub Copilot, DALL-E... Ces services ouvrent de nouvelles perspectives pour les entreprises et les particuliers. Ces outils sont devenus possibles grâce aux avancées rapides dans les technologies d'intelligence artificielle et de traitement du langage naturel qui existaient depuis des années, et les prospectivistes anticipaient clairement les scénarios possibles d'évolution de ces technologies.

En résumé, anticiper des scénarios à cinq, dix ou cinquante ans est beaucoup plus simple que de prédire une révolution à l'horizon de douze à dix-huit mois. Essayer de décrypter les dix-huit prochains mois revient à conduire à toute vitesse dans le brouillard sur une route de montagne. On peut aisément identifier les grandes trajectoires à vol d'oiseau, mais il est impossible de déceler les aspérités de la route, les virages sinueux, les bas-côtés qui mènent au précipice ou encore les autres conducteurs sur le trajet. Dans les pages qui suivent, nous tenterons de décrire ces grandes trajectoires tout en essayant d'éviter de se prononcer sur la forme du prochain kilomètre, autrement dit des douze à dix-huit prochains mois.

Nous avons utilisé ici trois approches : une approche à très long terme (décennale, séculaire ou millénaire) qui consiste à s'appuyer sur les grands invariants anthropologiques. Une approche court-termiste, qui s'appuie sur la courbe des tendances dite Hype Cycle de Gartner. Et une approche de moyen et long termes adaptée de la méthodologie de planification stratégique de scénarios (ou *scenario planning* enseignée à l'Université d'Oxford).

### *Le virtuel, un invariant anthropologique*

Le metaverse est intrinsèquement lié à l'arrivée de la virtualité dans nos existences. À l'origine, étymologiquement, l'adjectif virtuel signifie « être en puissance » mais sans effet actuel. Autrement dit, un objet virtuel est en devenir. Son existence s'inscrit dans le futur. En revanche, dans le langage courant, le terme virtuel revêt plusieurs sens. Tout d'abord, l'objet virtuel est immatériel ou dématérialisé. Il n'a aucune existence réelle, il est fictif, contrairement à l'objet réel qui est tangible, concret, effectif et accessible physiquement. Virtuel serait donc un antonyme de réel. Or, il existe de nombreuses situations où ce qui nous semble virtuel au premier coup d'œil n'est en rien découplé de notre réalité.

En effet, depuis l'avènement du numérique dans nos vies, l'économie virtuelle, par exemple, est bel et bien réelle au sens où la valeur qu'elle crée est tangible et mesurable. L'exemple du krach du bitcoin en 2017 illustre le lien entre l'économie virtuelle et l'économie réelle. Lorsque la valeur du bitcoin a commencé à chuter, les investisseurs se sont mis à vendre leurs avoirs en masse, entraînant une perte importante d'argent réel pour de nombreux investisseurs. Ce phénomène montre que les fluctuations des monnaies virtuelles ont des conséquences concrètes sur l'économie réelle. En 2020, le gouvernement allemand a annoncé la mort d'une patiente prise en charge dans une clinique de Düsseldorf à la suite d'une cyberattaque. C'était la première fois que les autorités européennes liaient directement le décès d'un patient à une attaque informatique en Europe.

Contrairement à ce que le sens commun entend, le terme virtuel se réfère de plus en plus à des phénomènes bel et bien réels aux conséquences tangibles et mesurables physiquement, mais prend racine dans le développement exponentiel des moyens technologiques. La tentation de séparation entre la réalité perçue et la réalité vraie n'est pas nouvelle. Ce découplage n'est même pas lié aux récentes technologies numériques. On en retrouve des traces à différentes époques. En 1971, la fin des accords de Bretton Woods en est un bon exemple. En effet, lorsqu'en 1944 ces accords avaient établi un système de change fixe, la valeur du dollar, comme celle des autres monnaies, était indexée à une réserve d'or, en l'occurrence la Réserve fédérale. Cependant, au début des années 1970, la guerre du Vietnam et le financement des dépenses militaires ont entraîné des déficits budgétaires importants qui ont conduit à une dévaluation du dollar. Les autres pays ont alors commencé à échanger leurs dollars contre de l'or, ce qui a mis en péril le système de change fixe. En réponse à ces pressions, le président Nixon a décidé de mettre fin à la convertibilité du dollar en or, mettant ainsi également fin au système de Bretton Woods. Cette décision a eu un impact majeur sur l'économie mondiale via le découplage de l'économie financière et de l'économie réelle. Le dollar ainsi que toutes les autres monnaies sont devenus des actifs financiers qui pouvaient être échangés sur des marchés mondiaux sans obligation de parité avec l'or. Ce découplage a été un signal, dès le début des années 1970, de l'avènement de la virtualisation de l'économie.

On retrouve des références très lointaines de la virtualité dans l'histoire humaine. À ce titre, le mythe platonicien de la caverne représente l'une des toutes premières. Les individus captifs qui prennent pour réelles les ombres projetées sur le mur de la caverne ne connaissent pas la véritable réalité qui existe à l'extérieur de la caverne. Pour Platon, notre perception humaine est limitée et nous ignorons la véritable réalité. Platon soulignait déjà, en son temps, la nature fondamentale de notre perception dans l'appréhension que nous avons du réel. Pendant des millénaires, notre appréhension de la réalité a été influencée par les grands mythes. Les histoires ont été utilisées pour expliquer les mystères de la vie et du monde, pour transmettre notre compréhension de la réalité d'une génération à l'autre. Les contes de fées ont servi à enseigner les grands invariants et les fondements de notre monde. Les histoires ont influencé la manière dont nous interprétons ce qui nous entoure. Elles ont façonné nos croyances, nos valeurs et nos perspectives. Les mythologies et légendes ont littéralement créé nos mondes imaginaires, nos univers virtuels ancestraux en définitive. Qu'ont-ils de différent avec les simulations dans lesquelles nous naviguons aujourd'hui au travers d'un écran, d'un joystick ou d'une paire de lunettes 3D ? Le conteur se serait-il transmuté en codeur ? Tous deux manient le langage et le symbole, utilisent leurs connaissances pour s'adresser à la foule, pour la divertir ou la manipuler.

Aujourd'hui, nous retrouvons les traces de ce découplage millénaire dans la culture que diffusent les grandes figures de la tech. Certains vont même jusqu'à défendre l'idée que notre réalité n'est qu'une immense simulation générée par une intelligence supérieure. Parmi nos contemporains les plus riches et les plus puissants, ceux dont l'imaginaire façonne désormais notre futur, Elon Musk cède à cette croyance. Lors d'une conférence en 2016, il a annoncé que la probabilité que l'humanité vive dans une simulation était selon lui très élevée. Il a réitéré lors d'une autre conférence en 2019, en affirmant que l'existence humaine était très probablement le produit d'une simulation informatique avancée. Pour Musk, la technologie devrait progresser si rapidement qu'il serait possible dans un futur proche de créer une simulation indiscernable de la réalité. Si tout est simulé, cela signifie que la réalité que nous percevons n'est qu'une construction de l'esprit. Musk, ses technologies, sa puissance financière et l'imaginaire qu'il déploie ne sont pas les seuls à façonner ce monde où le réel n'est autre qu'une version particulière d'un univers virtuel. Quand Mark Zuckerberg investit des dizaines de milliards de dollars pour faire émerger son metaverse, il poursuit cette quête : créer un monde qui formerait notre nouvelle réalité et dont il aurait seul les clés. En définitive, la décorrélation entre réalité perçue et réalité vraie n'est pas un fantasme nouveau. Il a des origines lointaines et n'est pas le résultat du progrès technologique.

Un autre phénomène s'inscrit dans l'évolution millénaires de l'humanité : notre rapport aux objets technologiques. Prenons l'exemple des expériences virtuelles qui se limitent aujourd'hui à quelques images et conversations textuelles. Elles vont se transformer en une multitude d'applications immersives dans des environnements ultraréalistes : des événements virtuels, des concerts, des réunions en ligne, des rassemblements divers constitueront les piliers de nos réalités fictives futures. Plus les expériences se rapprocheront de nos sens (comme avec les casques VR), plus ces réalités fictives deviendront réalistes.

Étant donné les évolutions fulgurantes des IA et des technologies de réalité hybride, les réalités fictives d'aujourd'hui sont bien parties pour permettre à beaucoup d'entre nous de vivre des versions plus créatives, expressives et, pour certains, plus humaines de nos vies. Pour l'instant, elles viennent à nous au travers des écrans, plus ou moins précis, distants et interactifs, mais que se passera-t-il demain ? Avez-vous remarqué comment avec le temps la technologie s'est rapprochée de nos corps et combien elle s'est individualisée ? Il suffit de se souvenir de l'évolution de l'écran dans nos vies depuis un siècle.

Le cinéma, par exemple, projetait une image à des dizaines de mètres d'une foule de centaines de personnes, alors que la télévision a rapproché l'écran à quelques mètres d'une famille. L'ordinateur a encore réduit la distance à moins d'un mètre pour une personne ou deux. Le mobile, quant à lui, a proposé à l'individu une version tactile du monde à quelques centimètres de son corps. Les lunettes de réalité virtuelle se positionnent désormais à quelques millimètres de l'œil et plongent l'utilisateur dans un environnement immersif, interactif et de plus en plus cohérent avec l'expérience que l'on a de la réalité. Cette évolution technologique ne se limite pas seulement aux écrans et aux lunettes de réalité virtuelle. Les progrès dans le domaine de la médecine et des prothèses ont permis de rapprocher d'autres dispositifs sensoriels de notre corps. Des implants peuvent maintenant être utilisés pour aider les personnes atteintes de troubles auditifs ou visuels. Demain, les combinaisons se colleront au corps pour offrir une expérience encore plus immersive et personnalisée. Après-demain, les interfaces neuronales pénétreront notre cerveau, se substituant à nos organes sensoriels pour réinterpréter radicalement nos perceptions.

Cette dynamique est l'une des caractéristiques de la rupture anthropologique que nous nous apprêtons à vivre. La technologie continuera à se rapprocher de notre corps de manière de plus en plus individualisée, offrant ainsi des possibilités encore inconnues. Les interfaces neuronales, qui fusionneront l'intelligence artificielle et l'intelligence humaine, sont à l'avant-garde de cette tendance. Demain, les intelligences hybrides pourraient considérablement améliorer les capacités cognitives humaines. Notre mémoire, nos facultés de communication, nos décisions seront modifiées par ces artefacts. Cette convergence se traduira par l'avènement d'humains numériques. Dans un premier temps, sous la forme d'avatars, ils deviendront une partie intégrante de nos vies, offrant des possibilités de communication et d'interaction difficiles à imaginer aujourd'hui. Dans un second temps, ces avatars s'incarneront pour devenir des entités physiques capables d'agir dans le monde réel. Paradoxalement, le grand découplage aboutira alors à une nouvelle convergence, un réencastrement, comme on l'a vu précédemment sur les sujets de l'économie ou de la cybersécurité. Le virtuel et le réel finiront par se fondre et s'hybrider. Le metaverse n'est qu'un épisode de cette longue histoire de l'évolution humaine. C'est un épisode de l'inévitable évolution anthropologique.

### *Le metaverse n'échappera pas à la* Hype Cycle Curve

Concept développé par le cabinet de conseil Gartner, la Hype Cycle Curve permet d'analyser le cycle de vie de toute innovation via cinq phases clés, indispensables pour se projeter dans ce qui pourrait être l'avenir des nouvelles technologies.

La première phase est celle de la technologie émergente. C'est lorsque la technologie est en train de se développer, mais qu'elle n'a pas encore été largement adoptée.

S'agissant du metaverse, on pourrait la dater des années 1990 jusqu'à la fin des années 2010, avec l'émergence des premiers systèmes de réalité virtuelle, suivis par l'apparition d'applications comme Second Life, et la croissance progressive des dispositifs immersifs des jeux vidéo, le rachat d'Oculus par Facebook, le développement des premiers systèmes de simulation 3D et la montée en puissance de l'IA générative.

Cette phase est suivie pour une deuxième étape qu'on pourrait qualifier de pic d'attente. C'est ici que la technologie commence à être largement médiatisée et que les attentes à son sujet sont élevées.

Pour notre sujet, le pic est apparu quasi simultanément sur tous les fronts : l'annonce du changement de stratégie de Facebook autour du metaverse, des univers 3D virtuels et augmentés et son changement de nom en Meta, a eu un effet explosif sur l'ensemble de l'écosystème technologique. Les annonces d'investissement massif à hauteur de 100 milliards de dollars sur dix ans ont généré une attente sans précédent.

L'emballement a été immédiat, avec comme exemple de réactions disproportionnées cette vente de parcelle de terrain virtuelle située dans le jeu en ligne ouvert basé sur Ethereum, Decentraland, pour plus de 913 000 dollars. Cette parcelle de terrain représente en fait 259 parcelles de terre numérique et a été vendue à la société d'investissement spécialisée dans les biens immobiliers virtuels, Republic Realm. En février 2021, le Metaverse rival, The Sandbox, a enregistré une vente de terrain virtuel d'une valeur d'environ 2 millions de dollars, ce qui en fait la plus grande vente de biens immobiliers numériques en cryptomonnaie de l'Histoire.

Parallèlement, dans le domaine de l'IA, la publication de ChatGPT en 2022 a été un tournant majeur dans l'histoire de l'intelligence artificielle. En effet, cette nouvelle technologie de traitement du langage naturel a suscité un grand engouement dans le monde entier. Dès sa sortie, ChatGPT a été largement utilisé dans de nombreux domaines, tels que la traduction automatique, la reconnaissance vocale et la génération de textes. Des centaines d'applications moins connues que ChatGPT sont apparues et permettent grâce aux capacités génératives des IA la création d'images, de sons, de vidéos et d'univers immersifs. Artbreeder permet de créer des images en combinant des styles et des caractéristiques d'images existantes. Jukebox permet de générer de la musique en fonction du style et des paroles souhaités. DeepDream permet de transformer des images en utilisant des algorithmes de reconnaissance d'objets et de textures. AI Dungeon génère des histoires interactives en temps réel, en fonction des choix du joueur. AI World permet de générer des avatars dotés d'intelligence artificielle capables de dialoguer à l'intérieur de jeux vidéo. Ces centaines d'applications ont émergé dans le sillage de la révolution ChatGPT.

À la suite de ce pic d'attente exacerbé vient en général la troisième phase du cycle de Hype : celle de la désillusion, qui se produit lorsque les attentes ont été trop élevées et que la technologie n'a pas tenu ses promesses. Les investisseurs se mettent à perdre confiance et les entreprises commencent à perdre de l'attractivité sur le marché. En 2022, le metaverse est entré dans cette phase, entraînant la chute des cours des cryptomonnaies et des NFT sur les marchés dédiés (jusqu'à – 80 % de leur valeur la plus haute), ainsi que celle des cours de bourse des principaux acteurs du metaverse, de Meta à Nvidia en passant par Roblox ou Unity, en raison notamment de l'incapacité de Meta à délivrer une expérience acceptable sur les premières versions de son environnement virtuel. Au moment où nous écrivons ces lignes, les IA génératives ont pris le relais dans la sphère médiatique et se trouvent être dans la phase du pic d'attente, certains analystes prédisant déjà l'arrivée prochaine de la phase de désillusion.

La quatrième phase est celle de la consolidation. C'est ici que les entreprises commencent à comprendre les limites de la technologie et à trouver des moyens de l'utiliser de manière plus efficace. Cette phase n'est pas encore d'actualité pour le metaverse. Si elle advenait, les acteurs du secteur en sortiraient gagnants. S'ensuivrait finalement la cinquième phase, celle de la maturité, qui correspond au moment où la technologie est largement adoptée. Devenue une norme, les entreprises ont trouvé des moyens de l'utiliser de manière efficace et ont commencé à en tirer des bénéfices.

La courbe Hype Cycle ne s'applique pas toujours. Certaines technologies peuvent sauter des phases, s'éteindre ou réapparaître. Où se trouve-t-on aujourd'hui dans la longue histoire de cette révolution ? Nous ne le saurons qu'à la fin de cette histoire. Une chose reste certaine, nous n'avons pas les moyens de savoir précisément quand et comment cette révolution se terminera. Nous pouvons en revanche tracer des perspectives et construire des scénarios.

## *Tendances et* scenario planning

À partir d'ici, entamons un voyage au cœur de notre imaginaire. Comment projeter notre monde à l'horizon de sept, dix, quinze ans et au-delà ? Quels scénarios envisager au regard du développement des personnages principaux de cet ouvrage, à savoir le metaverse et les intelligences artificielles ?

Le *scenario planning* fonctionne ainsi : on utilise des signaux faibles et forts pour identifier les tendances émergentes. Ces tendances sont ensuite croisées pour élaborer des scénarios possibles. Deux approches sont utilisées : une approche inductive et une approche déductive.

L'approche inductive consiste à engager une conversation entre experts et non-experts du sujet avec pour but la construction de scénarios plus ou moins plausibles de la problématique étudiée dans un horizon donné. Cette approche est subjective, aléatoire, heuristique et prend souvent la forme d'ateliers d'écriture de fiction.

L'approche déductive est plus formelle et précise. Elle consiste à combiner toutes les tendances deux par deux. Pour chaque combinaison, en fonction de la croissance ou du déclin de la tendance, on déduit 4 scénarios. Par exemple, pour 10 tendances, on peut théoriquement déduire 180 scénarios. Tous ces scénarios ne sont pas nécessairement plausibles ou pertinents. Habituellement, les prospectivistes en identifient un nombre restreint en fonction de leur vision de l'avenir. Ces scénarios ne sont pas dénués de biais et ne traduisent pas une exhaustivité des situations futures possibles.

Cependant, dans cet ouvrage, nous utilisons une approche nouvelle, car elle fait appel à l'intelligence artificielle. En effet, l'IA a été utilisée pour créer toutes les combinaisons possibles de scénarios à partir d'une vingtaine de tendances. Ces tendances et leurs caractéristiques sont les suivantes :

*L'explosion de la puissance computationnelle et de la connectivité* : augmentation massive de la puissance informatique, explosion de la connexion sur l'ensemble du globe, capacité en temps réel d'analyser et de traiter les données.

*L'intelligence artificielle et ses applications* : émergence et adoption fulgurante des intelligences artificielles génératives, généralisation des jumeaux numériques, apparition future des IA émotionnelles, connexion des IA à nos cerveaux.

*La convergence entre monde réel et mondes virtuels* : démocratisation de la réalité mixte, lente adoption des imprimantes 3D à toutes les échelles, révolution nanotechnologique et biotechnologique.

*Les nouveaux enjeux sociétaux :* inquiétante épidémie de solitude, adoption globale des nouvelles formes d'interactions sociales, généralisation de la crise cognitive, montée en puissance de la sobriété.

*L'évolution des paradigmes organisationnels* : lente adoption des modèles décentralisés et autonomes, maturité des systèmes ouverts et transparents, reconnaissance de la diversité des intelligences.

Ces tendances ont ensuite été combinées pour construire des centaines de scénarios qui ont été analysés et regroupés par un algorithme sémantique afin de produire une demi-douzaine de grands scénarios possibles d'évolution des metaverses. Nous avons alors passé ces scénarios au filtre des grands invariants anthropologiques, des traits universels qui se retrouvent dans toutes les cultures comme l'adaptabilité, la coopération, la créativité, la recherche du bien-être, la résilience, la curiosité et l'apprentissage… Finalement, nous avons choisi de présenter dans la suite de cet ouvrage quatre grands scénarios qui se déroulent dans les cinq à cinquante prochaines années et qui s'appuient sur les tendances citées plus haut.

Le chapitre suivant les présente en détail. Dans la tradition du *scenario planning*, ils constituent des fictions. Cependant ils demeurent réalistes et s'appuient sur des extrapolations des tendances actuelles tout à fait plausibles.

Ces scénarios ne sont pas incompatibles entre eux, ils pourraient tout à fait se réaliser simultanément ou concomitamment.

Bienvenue dans le futur !

# SCÉNARIO 1

## *VERS L'INFINI ET AU-DELÀ.*

Nous sommes en 2030. Les années précédant la décennie ont été marquées par une série d'événements tumultueux qui ont transformé notre façon de vivre, de nous divertir, de consommer, d'apprendre, de communiquer et de travailler. Le rêve d'une société d'abondance, né après la Seconde Guerre mondiale, a connu un regain d'intérêt dans les années 2000 avec l'avènement de l'ère numérique. Des visionnaires tels que Mark Zuckerberg, Peter Thiel et Elon Musk ont tenté de concrétiser leur vision d'un nouveau monde sans limites. Le premier en investissant massivement dans les univers virtuels immersifs, le second en plaidant pour une libéralisation radicale de l'économie, et le troisième en nous emmenant au-delà de notre Terre natale pour explorer l'immensité de l'espace. Sans contraintes ni frontières, ils aspiraient à l'expansion infinie de l'humanité, d'abord dans des univers virtuels, puis dans le monde physique au-delà des limites de notre planète.

Avec l'essor de l'utilisation des univers de réalité augmentée par le grand public et les premières missions lunaires, suivies bientôt par des missions martiennes, nous avions fini par croire en cette possibilité d'un nouveau monde sans fin. Le metaverse a offert à l'humanité des opportunités sans précédent en matière de divertissement, d'éducation, de communication et de travail. Comment tout cela a-t-il commencé ?

### *L'augmentation massive de la puissance computationnelle*

Depuis près d'un siècle, et plus précisément depuis 1940, l'augmentation considérable de la puissance de calcul a eu un impact majeur sur nos vies quotidiennes. Aujourd'hui, cette évolution ne surprend plus personne. Elle a favorisé l'émergence de technologies telles que l'intelligence artificielle et la réalité virtuelle, qui ont commencé à transformer notre façon d'interagir avec le monde dès les années 2020. Avant cela, dès le début du siècle, la démocratisation de l'informatique et le traitement de volumes de données inédits ont également été rendus possibles grâce à cette croissance de la puissance de calcul.

La loi de Moore, qui était le repère de l'évolution computationnelle, a été bouleversée. Pendant cinquante ans, elle suivait une progression exponentielle correspondant au doublement des capacités de stockage et de calcul tous les dix-huit mois, à coût constant. Cependant, avec l'apparition de nouvelles puces, les GPU puis les CPX, cette accélération s'est intensifiée. Dès 2018, Jen-Hsun Huang, le PDG de Nvidia, annonçait que ses puces graphiques, essentielles aux applications 3D et à l'IA, avaient multiplié leur puissance par un facteur 25 en moins de cinq ans. Il avait également annoncé que le temps nécessaire pour entraîner un réseau neuronal était passé de six jours à 18 minutes avec les dernières puces de Nvidia. Depuis 2018, et à nouveau en 2023, cette vitesse d'évolution des GPU puis des CPX n'a pas faibli. Le metaverse et les IA en ont été les principaux bénéficiaires !

L'explosion de la puissance de calcul s'est poursuivie, malgré quelques fluctuations dues aux conséquences environnementales de l'extraction des matières premières nécessaires à la fabrication des puces. En 2022, la guerre en Ukraine, puis en 2025 l'invasion chinoise de l'îlot taïwanais de Pengjia, ont fortement ralenti l'extraction de minerais et la production de puces. Néanmoins, cette croissance s'est maintenue sur le long terme.

L'analyse de données a été radicalement transformée par l'augmentation de la puissance de calcul. La recherche scientifique et médicale en a été bouleversée. Les années de la pandémie de Covid-19 ont marqué un tournant. Jamais un vaccin n'avait été trouvé aussi rapidement, en grande partie grâce à cette capacité d'analyse des données. À l'époque, les chercheurs avaient déjà utilisé des modèles numériques pour simuler la structure du virus et comprendre son interaction avec les cellules humaines. Cela leur a permis d'identifier des cibles potentielles pour les vaccins et les traitements. Les vaccins à ARN messager ont été conçus en utilisant des techniques de biologie moléculaire assistée par ordinateur. Sans ces technologies, la logistique de distribution, les systèmes de suivi et de gestion des chaînes d'approvisionnement n'auraient jamais été aussi performants pour administrer plus de 7 milliards de doses en moins de deux ans.

*L'explosion de la connectivité*

En 2019, la Corée du Sud était devenue le premier pays à déployer un réseau 5G sur l'ensemble de son territoire. À cette époque, elle était à la pointe des avancées technologiques, mais l'Inde et le Vietnam commençaient à rivaliser avec Séoul sur le plan technologique, au point de rattraper le leader dans ce domaine.

En quelques années, tous les villages de la zone Asie-Pacifique étaient dotés de connectivité haut débit. Les pays émergents ont adopté ces technologies sans passer par les étapes intermédiaires de la fibre optique ou des liaisons filaires. L'Europe, les États-Unis et la Chine ont couvert plus de 95 % de leur territoire avec un réseau 5G très haut débit. Les réseaux satellites ont permis de couvrir les zones blanches, notamment en Afrique et en Amérique latine.

L'Internet des objets, tant attendu et dont on parlait beaucoup dans les années 2010, s'est transformé en réalité. Les villes sont devenues intelligentes et les véhicules ont progressivement gagné en autonomie.

L'évolution de la connectivité a révolutionné les services de télémédecine. Désormais, la surveillance à distance, les diagnostics par visioconférence et l'intelligence artificielle sont devenus la norme.

L'humanité était parvenue à connecter chaque point du globe au réseau haut débit et à faible latence. Cette avancée a considérablement amélioré l'expérience des utilisateurs dans les univers immersifs, notamment en situation de mobilité. Et cela a permis au metaverse de connaître un essor fulgurant. L'analyse et le traitement des données en temps réel ont accéléré le phénomène.

### *L'analyse et le traitement des données en temps réel*

Il a fallu vingt ans à Palantir, l'entreprise fondée par Peter Thiel et spécialisée dans la collecte et l'analyse des données, pour atteindre la rentabilité. Ce n'est qu'en 2023 que la société a annoncé ses premiers résultats financiers positifs. À cette époque, bien que Facebook, Google, ByteDance, Tencent et d'autres aient bâti leur fortune en exploitant les données issues de nos usages quotidiens, celles-ci étaient devenues si abondantes qu'elles avaient fini par perdre de la valeur. Désormais, la collecte et l'analyse de diverses données, grâce à la puissance de calcul et à la connectivité, servaient principalement à adapter en temps réel les expériences que nous vivions dans les univers immersifs.

Au moment de la sortie de la dernière version des applications de réalité mixte d'Apple, l'environnement et les interactions dans ces univers s'adaptaient en temps réel. Nos dispositifs immersifs surveillaient et analysaient localement, et donc de manière anonyme, toutes nos réactions pour ajuster nos expériences en continu. Cette contextualisation permettait à des agents numériques d'interagir avec nous et d'améliorer nos expériences dans ces univers. Nous bénéficiions d'une protection sans précédent, en ligne ou dans la vie réelle, grâce à une surveillance constante des contenus proposés et des comportements des autres utilisateurs. Ces technologies d'analyse de données et d'apprentissage automatique ont joué un rôle clé dans le succès du metaverse. Mais les IA génératives ont tout changé…

*Les IA génératives*

Les premières rencontres du public avec les IA capables de création, les IA génératives, remontent à la fin des années 2010. À cette époque, la technologie des réseaux antagonistes génératifs (GANs – *generative adversarial networks*) était encore méconnue. Lorsque le collectif Obvious vendit en 2018 son œuvre générée par une IA pour 432 500 dollars chez Christie's à New York, ce fut un choc ! Personne n'aurait pu imaginer que cette toile, issue de longues heures de calcul, avait pu être créée en une milliseconde dans des lunettes de réalité mixte pesant moins de 120 grammes aujourd'hui ! Personne non plus n'aurait cru à l'époque que ce mouvement artistique naissant, mêlant créativité humaine et intelligence artificielle, donnerait lieu moins de cinq ans plus tard à l'une des plus grandes révolutions que l'humanité ait jamais connues.

Grâce à la puissance informatique et à la puissance combinatoire qui en découle, l'IA était capable de générer une très grande quantité de formes d'objets, en fonction de contraintes définies à l'avance par l'humain. Ces formes étaient construites par la machine comme autant de solutions à des problèmes, à des contraintes, à des propriétés attendues par un opérateur humain. Plus la machine était puissante, plus le nombre de combinaisons était important. Par exemple, en aéronautique, dans l'industrie automobile ou dans le secteur pharmaceutique, l'intelligence artificielle était utilisée comme un outil de génération massive de solutions. En mars 2022, il avait fallu moins de 6 heures à des chercheurs utilisant une IA dédiée au design de médicaments pour inventer 40 000 molécules potentiellement mortelles ! La machine imaginait littéralement des solutions possibles aux contraintes qu'on lui imposait.

Avec le temps, les artistes ont de plus en plus utilisé ces propriétés pour créer des œuvres. Par exemple, l'IA DeepMind de Google produisait 80 % de la musique écoutée dans le catalogue de la marque !

En quelques mois, une traînée de poudre emporta avec elle des centaines de millions d'emplois dans le monde et en créa le double. En cinq ans, la productivité humaine fut radicalement transformée et la croissance mondiale augmenta de 25 % ! Les algorithmes d'apprentissage automatique furent améliorés de semaine en semaine et de nouveaux modèles d'IA furent développés. Ces améliorations permirent aux IA génératives de devenir encore plus performantes dans la production de textes, de dialogues, d'illustrations, de voix synthétiques. Les modèles de langage comme GPT furent largement utilisés dans des projets de création de contenus écrits et oraux, tandis que des modèles comme DALL-E furent utilisés pour générer des images à partir de descriptions textuelles.

Ces progrès transformèrent la chaîne de création dans les métiers de la production d'œuvres culturelles et artistiques. À cette époque, la très grande majorité des œuvres d'art étaient générées en partie par l'IA : musiques, images, films, jeux, univers immersifs multisensoriels… Apple, Microsoft et Meta rivalisaient pour proposer l'environnement immersif le plus réaliste à leurs utilisateurs. Les trois proposaient des environnements construits en temps réel en réalité augmentée : décors, contenus, avatars, accessoires, paysages, tout était désormais calculé localement et en simultané en fonction de nos attentes explicites et implicites.

La période pendant laquelle les créateurs de contenus virtuels gagnaient leur vie en vendant leur production fut courte, quelques années seulement. En effet, depuis que la puissance des casques de réalité mixte a été capable de générer ces contenus par des IA en fonction des attentes des utilisateurs, localement et en direct, l'abondance des offres fit exploser le marché du bien numérique. Mais tout ne s'est pas fait en un jour…

*Les échecs au démarrage*

En juillet 2021, Mark Zuckerberg avait révélé la métamorphose de Facebook en société de metaverse. Rapidement, l'entreprise fut secouée par une tempête. Beaucoup s'étaient interrogés alors sur sa capacité à surmonter cette épreuve. À cette époque, Apple était entré en guerre contre le modèle publicitaire de Google et Facebook et avait réussi, en restreignant la collecte des données de ses utilisateurs, à mettre à mal les revenus publicitaires des deux marques. Facebook ne pouvait plus collecter certaines données d'utilisateurs depuis l'iPhone et, face à TikTok, la concurrence devenait de plus en plus rude. L'image de Facebook était particulièrement ternie par les scandales de manipulation de données et de désinformation.

Meta, le nouveau Facebook, avait dépensé plus de 10 milliards de dollars pour construire la première version de sa nouvelle plateforme. À l'époque, Mark Zuckerberg avait annoncé vouloir dépenser 100 milliards de dollars dans ce projet. C'était sans compter l'explosion de la bulle fin 2022. Meta avait continué à investir dans toutes les technologies qui constituaient cette future plateforme : IA, univers 3D immersifs, avatars, valorisation des actifs numériques, cryptomonnaies… Entre 2 et 3 milliards de dollars par trimestre pendant cinq ans, c'est-à-dire jusqu'en 2027, allaient être dépensés. Fin 2030, ce sont finalement 50 milliards qui ont été consacrés à cette folle course à la virtualisation de notre monde. Mais la marque avait fini par générer 5 milliards de revenus par mois grâce à ces technologies. Elle était loin d'imaginer une telle situation à la fin de l'année 2022, au pire moment de son aventure. À l'époque, le casque Meta Quest Pro, qui valait plus de 1 500 dollars, et Horizon Workrooms, l'espace virtuel de collaboration professionnel, avaient été deux échecs patents. La douche avait été si froide que fin 2022, Zuckerberg annonçait une nouvelle stratégie de réduction des coûts avec une réorganisation destinée à optimiser la productivité : suppression de près de 20 000 postes, tout en maintenant ses ambitions sur l'IA et le metaverse.

Meta n'était pas le seul acteur à avoir pris des mesures drastiques à cette époque. En 2023, les géants chinois comme Tencent et ByteDance avaient aussi réduit leurs effectifs dans leurs divisions metaverses alors que les entreprises du monde entier revoyaient à la baisse leurs efforts pour développer du matériel et des logiciels basés sur le metaverse afin de réduire les dépenses dans ce domaine. La principale erreur de Mark Zuckerberg, évitée par ses concurrents, avait été de tout miser sur Meta. Le projet était devenu une menace financière aux yeux des actionnaires et un risque social à ceux des salariés. La solution pour éviter la chute aurait pu être de séparer Meta en deux entreprises distinctes : d'un côté les activités Web3 et de l'autre le modèle d'affaires traditionnel avec Instagram, WhatsApp et Facebook. En plaçant tous ses œufs dans le même panier, il avait mis en péril l'ensemble du groupe. En bref, il avait misé trop tôt et trop fort. Cette stratégie avait créé beaucoup de remous au sein du groupe et avait fait perdre des dizaines de milliards à Meta. Les premières versions de lunettes de réalité augmentée couplées à une montre intelligente pour les contrôler étaient finalement restées dans les cartons. Les choses avaient commencé à changer en 2025, dans le prolongement du début de l'adoption des casques de réalité mixte d'Apple par le grand public.

### *La remontée de la pente*

Mais la bascule a réellement eu lieu en novembre 2027, quand Meta a introduit un nouveau business model audacieux et innovant. Ce modèle reposait sur le financement de l'acquisition des dispositifs immersifs grâce à la publicité subliminale, une approche qui avait bouleversé les méthodes traditionnelles de vente et de monétisation.

D'une part, cette stratégie avait permis à Meta de toucher un public plus large en rendant ses produits plus accessibles. En effet, les coûts d'acquisition des dispositifs immersifs étaient souvent un frein pour les consommateurs, qui hésitaient à investir dans cette technologie. Grâce à ce nouveau modèle, Meta avait éliminé cette barrière financière et attiré ainsi de nouveaux utilisateurs.

D'autre part, la publicité subliminale offrait un moyen discret et efficace de monétiser l'utilisation des dispositifs de réalité mixte. Les messages publicitaires étaient intégrés de manière subtile et imperceptible dans l'expérience immersive, sans perturber l'utilisateur. Ainsi, les marques partenaires de Meta bénéficiaient d'une visibilité accrue auprès d'une audience captive et engagée.

Par exemple, lors d'une session de jeu en réalité mixte, un utilisateur pouvait être exposé à des messages de marques intégrés dans le décor ou les objets interactifs. Ces éléments publicitaires, bien que non intrusifs, influençaient inconsciemment ses choix et ses préférences, générant ainsi un impact positif sur les ventes des marques partenaires. Meta continuait de collecter des données précieuses sur les comportements et les préférences de ses utilisateurs. Ces informations servaient ensuite à affiner les campagnes publicitaires et à proposer des expériences toujours plus personnalisées et pertinentes.

Cependant, Meta avait également prévu une option sans publicité pour les utilisateurs souhaitant préserver leur confidentialité et éviter l'exposition aux messages subliminaux. Moyennant un abonnement mensuel, cette option garantissait la confidentialité des données et permettait de profiter d'une expérience immersive sans interruption publicitaire.

Le nouveau business modèle de Meta avait représenté une véritable avancée dans le domaine des dispositifs de réalité mixte. Il avait permis non seulement de démocratiser l'accès à cette technologie, mais aussi d'offrir aux marques partenaires un moyen innovant et efficace de toucher leur cible. Cette approche, alliant accessibilité et monétisation, avait promis un avenir radieux à l'industrie de la réalité mixte et à Meta. En parallèle, Unreal Engine, avec sa solution MetaHuman X, avait joué un rôle crucial dans l'accélération du marché des avatars ultraréalistes. Les avatars étaient devenus plus expressifs et plus personnalisables, permettant aux utilisateurs d'interagir entre eux de manière beaucoup plus naturelle. En offrant aux créateurs d'expériences immersives des outils uniques, Metahuman X avait contribué à stimuler l'innovation dans le secteur. En quelques mois, l'accélération avait été brutale, grâce notamment au réalisme des expériences.

Les résultats financiers de Meta avaient alors témoigné de son succès. Les revenus générés par son nouveau modèle avaient dépassé les attentes, confirmant ainsi la pertinence de cette approche innovante. Cette nouvelle donne avait tout à coup transformé l'industrie. Les systèmes de visioconférence traditionnels, autrefois incontournables, avaient cédé la place à des dispositifs immersifs beaucoup plus sophistiqués. Ces nouvelles solutions permettaient aux utilisateurs de vivre des expériences de communication et de collaboration beaucoup plus réalistes et engageantes, favorisant ainsi une adoption massive de la réalité mixte dans les entreprises et les foyers.

Les investisseurs, ravis de constater une croissance rapide du metaverse, s'étaient mobilisés pour renforcer leur position et le cours des actions des GAFA était brutalement reparti à la hausse après de longues années de stagnation.

*L'affaire Kerry Logan*

Tout allait bien jusqu'à l'éclatement de l'affaire Kerry Logan en 2029. Kerry Logan, CEO d'une startup newyorkaise du secteur du retail, était une utilisatrice intensive du metaverse de Google. Lors d'un voyage en Europe et d'une session de travail immersive dans sa chambre d'hôtel, elle a vu son compte être piraté : l'ensemble des données confidentielles de ses clients avait été diffusé sur le réseau, les pirates étaient parvenus à subtiliser ses informations bancaires et, pour couronner le tout, une *sextape* de son avatar avait été enregistrée dans un espace réputé sécurisé du réseau. La vidéo avait été diffusée et avait fait le buzz pendant plusieurs semaines.

L'affaire Kerry Logan avait pris une ampleur considérable. Tout d'abord, l'usurpation d'identité lui avait causé un préjudice financier majeur, puisque plusieurs centaines de milliers de dollars avaient été subtilisés de son compte courant. Les pirates avaient vidé ses comptes bancaires. Ensuite, le piratage des données confidentielles de ses clients avait provoqué des conséquences désastreuses pour son entreprise. La perte d'un des contrats les plus importants de la société avait non seulement entraîné une baisse significative de son chiffre d'affaires, mais également un procès pour négligence. Les clients concernés avaient en effet estimé que Kerry Logan n'avait pas pris les mesures de sécurité nécessaires pour protéger leurs informations sensibles, mettant ainsi en péril leur réputation et leurs activités. Enfin, la diffusion de la *sextape* virtuelle avait porté un coup fatal à sa vie personnelle. Le scandale qui avait suivi cette révélation avait ruiné son couple, laissant place à la méfiance et à la honte. Les médias s'étaient emparés de l'affaire, amplifiant ainsi la portée de cette humiliation publique. Kerry avait dû faire face non seulement aux conséquences professionnelles et financières de ces attaques, mais également à l'effondrement de sa vie privée.

En quelques mois, l'affaire Kerry Logan était devenue un exemple emblématique des dangers du nouveau monde numérique et des conséquences dévastatrices que peuvent engendrer le piratage et l'usurpation d'identité dans ces univers virtuels où nos vies professionnelles et personnelles avaient progressivement migré. Les préoccupations concernant la confidentialité et la sécurité des données étaient devenues la priorité des utilisateurs et des législateurs. Les entreprises avaient dû revoir leurs pratiques et mettre en place des dispositifs de protection plus efficaces pour sécuriser les biens virtuels et les données de leurs clients. À tel point que certaines d'entre elles avaient banni le metaverse de leurs processus de travail critiques. Les législateurs avaient également commencé à examiner de plus près les pratiques de ces entreprises et initié des projets de lois destinés à réguler les grandes plateformes pour protéger les utilisateurs.

Dans ce contexte, l'innovation et l'adoption de ces technologies avaient été freinées d'un coup. Les utilisateurs, quant à eux, s'étaient tournés vers des alternatives moins immersives, plus traditionnelles, basées sur des systèmes de visioconférence à authentification biométrique. L'affaire Kerry Logan avait été un tournant dans l'histoire du metaverse et de la protection des données personnelles. Un mouvement de boycott avait commencé à se répandre en agrégeant les mécontentements. Le backlash s'était renforcé à la suite de la fuite de données et des piratages. Les utilisateurs se posaient de nombreuses questions : comment protéger notre vie privée ? comment sécuriser nos biens virtuels et nos données ? comment éviter la manipulation et se prémunir face aux campagnes subliminales ?

Face à ces interrogations, les entreprises avaient limité certaines fonctionnalités et mis en place des mesures de protection de la vie privée et de la sécurité des données plus strictes. Cela avait freiné l'innovation et l'adoption de ces technologies.

Le rejet de la consommation virtuelle et augmentée s'était alors intensifié. Les utilisateurs, de plus en plus conscients de la présence de publicités en ligne et de contenus sponsorisés subliminaux, avaient commencé à se détourner des grandes plateformes immersives. Une campagne d'Apple avait marqué les esprits en jouant sur la dimension nostalgique de l'époque des premières solutions FaceTime... Jusqu'au printemps 2030, cette prise de conscience avait continué à s'amplifier, poussant les entreprises et les législateurs à repenser les modèles économiques et les régulations en vigueur. En parallèle, les législateurs avaient travaillé sur des lois plus strictes pour encadrer l'utilisation des données personnelles et la sécurité des biens virtuels. Et puis une *class action* a brisé le mouvement.

### *Une* class action *qui a tout changé*

Dans le sillage de ce scandale, un long procès avait durablement affecté la croissance des acteurs du metaverse. Dès 2022, les premiers procès pour violation de droits d'auteur avaient commencé à se former, visant des algorithmes tels que Midjourney, Stable Diffusion ou DALL-E. Ces applications étaient menacées par des actions collectives d'artistes et d'agences artistiques pour détournement de droits d'auteur. OpenAI et GitHub avaient remporté en 2024 leur procès en appel pour l'exploitation de millions de lignes de code open source indirectement vendues dans des logiciels commerciaux. Les tentatives de régulation des IA génératives n'avaient pas abouti, en raison d'un manque de coordination entre les États et les plaignants des actions collectives face aux géants du numérique.

C'est au printemps 2030 que l'explosion avait eu lieu. Meta et Google avaient été condamnés pour la première fois à verser 25 milliards de dollars à des centaines d'agences artistiques et des dizaines de milliers d'artistes dans le monde pour exploitation illicite de leurs droits. Cette annonce avait fait chuter brutalement les cours de bourse des deux entreprises de plus de 25 % en quelques jours et les avait contraintes de retirer du marché des applications immersives qui créaient en temps réel les environnements dans lesquels les utilisateurs étaient plongés. En une semaine, le nombre de mondes virtuels disponibles sur les stores des opérateurs de metaverse avait été divisé par trois ! Certes, ces univers ne représentaient pas la plus grande part de leur offre, mais leur utilisation était en croissance constante depuis leur mise sur le marché. Les revenus des branches metaverses de Google et de Meta avaient diminué de plus de 30 % en un trimestre, laissant présager une nouvelle crise.

### *Les black-out de l'été 2030*

Le coup de grâce avait été porté à l'été 2030. La canicule du 15 juin au 15 juillet était restée gravée dans les mémoires. Cette période de vingt jours consécutifs de chaleur accablante, durant laquelle le mercure dépassait régulièrement les 35 degrés, avait frappé l'ensemble du continent nord-américain. Face à cette situation exceptionnelle, la Maison Blanche avait annoncé un plan d'urgence estival, visant à protéger la population et à préserver les ressources. Tout d'abord, des mesures de restriction d'eau avaient été mises en place pour les industries. Certaines usines avaient dû adapter leurs processus de production pour réduire leur consommation, tandis que d'autres avaient été contraintes de suspendre temporairement leurs activités. La canicule avait également eu un impact sur le secteur énergétique. Plusieurs centrales électriques avaient dû arrêter leur production en raison de la chaleur extrême et de la sécheresse. Le secteur numérique américain avait subi la crise de plein fouet. De nombreux black-out avaient interdit l'usage des applications immersives, forçant les entreprises du monde occidental à trouver des solutions de repli, plus simples, plus sobres et plus résilientes. La promesse d'abondance que les prophètes de la Silicon Valley avaient faite des décennies auparavant se heurtait à la dure réalité de la limite de nos ressources énergétiques et du dérèglement climatique.

*Le retour des limites*

Aujourd'hui, le metaverse existe toujours, mais il traverse une crise majeure. L'abondance et l'effacement des frontières entre le réel et le virtuel, tant vantés auparavant, ont connu une croissance fulgurante entre 2022 et 2029 malgré des débuts difficiles. Le phénomène a atteint son apogée en 2030. Cependant, cette expansion s'est brutalement interrompue au printemps de la même année, confrontée à plusieurs défis majeurs : la crise des données privées et de la confidentialité, la question des droits d'auteur et une politique drastique de sobriété énergétique causé par un accident climatique.

L'époque florissante du metaverse a été caractérisée par une course effrénée à l'innovation et à la performance, où les limites semblaient inexistantes. Les entreprises du numérique avaient massivement investi dans des technologies toujours plus immersives et énergivores, sans se préoccuper des conséquences à long terme. Pourtant, les signaux d'alarme étaient déjà présents : les ressources énergétiques se raréfiaient, les données personnelles étaient de plus en plus exposées, et les droits d'auteur étaient bafoués.

Le retour à la réalité a été brutal. Le rêve d'abondance et le fantasme de l'illimité n'ont pas convaincu. Notre environnement, nos valeurs, notre responsabilité collective, bref, nos limites nous auront rattrapés !

# SCÉNARIO 2

## *À MOI, RIEN QU'À MOI !*

### *Vingt ans après les réseaux sociaux*

Lorsqu'en 2007 nous avons eu nos premières expériences sur Facebook, nous n'imaginions pas un seul instant l'influence que ces technologies, basées sur l'IA, auraient sur nos interactions sociales. Depuis que Facebook, Twitter, Instagram et LinkedIn ont été adoptés puis progressivement abandonnés au profit de leurs successeurs immersifs, nous avons beaucoup appris de cette immense expérience sociale planétaire.

Ces plateformes, qui avaient déjà permis à des milliards d'individus de se rencontrer et de rester connectés, ont décuplé nos relations sociales. Dès 2027, leurs successeurs se sont imposés pour créer et nourrir les liens sociaux. On les utilisait plus de 12 heures par jour pour découvrir, s'informer, apprendre, se divertir, travailler… Jamais les dispositifs d'interactions sociales que les réseaux sociaux implémentaient n'avaient été si puissants qu'à cette époque. Toutes les composantes de la société ont été transformées par ces outils. La réalité augmentée permettait de superposer des éléments numériques sur le monde réel et de repenser la manière dont nous interagissions avec les autres et avec l'environnement. Nous créions et vendions des biens et des services quasi exclusivement sur ces espaces nouveaux. Nous coopérions à distance et travaillions en équipe tous les jours dans ces environnements. Les étudiants apprenaient aux quatre coins du monde en ayant la sensation d'être dans un même lieu. Nous explorions des mondes inconnus, nous habitions des territoires imaginaires. Nous tombions amoureux, nous vivions des amitiés, nous faisions l'amour et la guerre dans ces univers parallèles. Cette infinité de possibles était une extraordinaire opportunité de repenser nos relations quotidiennes au-delà des frontières, au-delà des contraintes temporelles, au-delà même de notre imagination. Les opportunités qui en découlaient pour les communautés, les entreprises et les individus étaient infinies. Nous étions tous ensemble, éparpillés sur toute la surface du globe, et une multitude d'expériences étaient ouvertes à tous.

### *Apprendre comme jamais nous n'avions appris*

Lors du lancement de Meta en octobre 2021, Marc Zuckerberg avait annoncé que le metaverse devait être considéré comme un Internet incarné, où l'on vit à l'intérieur du contenu plutôt que de simplement le regarder. L'une des premières applications que Meta a proposées au public lors de la sortie de ses lunettes de réalité augmentée en 2025 fut la classe virtuelle. Grâce à un partenariat avec les plus grandes universités du monde, Meta a pu ouvrir les salles de classe à tous les élèves de la planète.

Désormais, chacun avait la possibilité d'apprendre grâce à des avatars virtuels enseignants et à des ressources pédagogiques illimitées à disposition. Il était possible de visiter les pyramides, les fonds marins ou les planètes les plus lointaines. Des choses fascinantes se déroulaient déjà dans ces espaces, ayant un impact considérable sur l'éducation et les éducateurs. Les salles de classe virtuelles avaient été proposées par des plateformes telles que Mozilla Hubs et Virbela pendant les confinements de la pandémie en 2020. Une dizaine d'années plus tard, les casques intégraient des interfaces cerveau-ordinateur capables de mesurer le niveau de concentration et d'attention des élèves. En fonction de ces informations, le rythme d'apprentissage s'accélérait ou diminuait. Les avantages étaient si importants que les écoles commençaient à adapter leurs activités à ce mode d'apprentissage. Les élèves passaient leur matinée équipés de casques de réalité mixte pour apprendre à leur rythme et consacraient les après-midi aux activités physiques et aux apprentissages manuels. Une fois par semaine, ils enseignaient eux-mêmes aux classes inférieures sous la supervision de leurs professeurs. Le métier d'enseignant avait radicalement évolué, d'abord dans les écoles privées puis progressivement dans le secteur public. Les professionnels de l'enseignement concevaient des expériences d'apprentissage pour les plateformes immersives et imaginaient des programmes d'évaluation associés. Le reste de leur journée consistait à superviser des IA d'apprentissage ou les élèves qui encadraient les classes inférieures.

La formation professionnelle avait également basculé dans ces univers. Le système de santé indien avait été totalement repensé pour former le personnel soignant en réalité mixte. Le programme était si performant qu'ils avaient décidé d'ouvrir le dispositif à l'ensemble de leurs partenaires aux États-Unis et au Royaume-Uni. Non seulement le metaverse étendait les capacités de la formation professionnelle, mais il créait également des emplois. Les concepteurs et les codeurs d'expériences en réalité mixte étaient très prisés au début de la décennie 2030. 80 % des programmes étaient adaptés et déployés par des IA, mais 20 % du processus de fabrication, la conception, les détails narratifs et surtout les éléments d'imperfection qui rendaient l'expérience si réelle étaient confiés à des humains. De nombreux programmes avaient été conçus pour enseigner des compétences en communication, collaboration et résolution de problèmes, qui permettaient de travailler efficacement avec les autres et de s'adapter à différentes situations. L'une des grandes réussites d'Apple a été l'application Empathy, qui propose une série d'expériences en réalité mixte permettant de nous immerger dans des situations intenses telles que devenir sans-abri, perdre son emploi, vivre une situation de guerre ou se mettre à la place d'un réfugié. Cette application a été conçue à partir des travaux réalisés une dizaine d'années auparavant à l'université de Stanford. Les chercheurs avaient découvert que l'adoption du point de vue des autres dans une expérience de réalité mixte générait davantage d'empathie que de simplement imaginer ce que cela ferait d'être à la place de quelqu'un d'autre. Bien que cela puisse paraître évident a priori, des dizaines de millions de personnes ont pris conscience de cette réalité grâce à l'application d'Apple.

L'empathie n'était pas la seule qualité qu'Apple avait choisi de développer au sein de sa communauté d'utilisateurs. La société avait également créé une application d'apprentissage de la non-violence destinée au public masculin. À l'origine, l'application avait été lancée par une entreprise espagnole sous le nom de Virtual Bodyworks. Le projet s'appuyait sur les résultats d'une étude soulignant que la commission d'actes violents était souvent liée à l'absence d'empathie et à l'incapacité des agresseurs à se mettre à la place de leurs victimes. Partant de ce constat, des scientifiques avaient développé une application numérique immersive permettant à des hommes de vivre une scène d'agression violente du point de vue d'une femme. L'expérience était très efficace et si réaliste qu'elle était interdite aux moins de 18 ans. L'essor des technologies de réalité mixte a également permis de répondre à d'autres problématiques sociétales, telles que la grande épidémie de solitude de la décennie 2020.

Nous savions qu'une épidémie de solitude grandissait sournoisement. La pandémie des années 2020 avait exacerbé ce phénomène. Les jeunes adultes et les mères de jeunes enfants étaient particulièrement touchés par la solitude. Les réseaux sociaux, omniprésents dans la vie des adolescents, avaient un impact sur leur santé mentale. Les jeunes filles étaient particulièrement vulnérables. Parallèlement, de nombreuses études montraient une chute brutale des relations sexuelles depuis que l'usage des metaverses était devenu la norme. En 2028, plus de 80 % des utilisateurs de moins de 50 ans n'avaient pas eu de relation sexuelle non virtuelle depuis un an !

Les premiers travaux de psychologues montraient combien cette situation augmentait le stress et altérait le sommeil. Même la santé cardiovasculaire était affectée par ces abus. La baisse des rapports sexuels réels modifiait radicalement la socialisation et la constitution de familles au sein de la société. Mais simultanément, les plateformes virtuelles offraient des opportunités de rencontres illimitées. Un groupe de chercheurs français avait publié plusieurs études montrant que les univers virtuels pouvaient également avoir des effets positifs sur la santé sociale. Ces études soulignaient aussi la dimension bénéfique des réseaux sociaux immersifs sur le capital social des utilisateurs. Cela avait déjà été découvert dès 2007 sur Facebook. Une utilisation modérée des réseaux sociaux pouvait améliorer l'estime de soi, renforcer les liens sociaux et atténuer les sentiments de solitude et d'isolement. Enfin, ces nouveaux usages profitaient particulièrement aux personnes âgées. Elles réduisaient leur isolement social en les connectant à leurs mondes.

*Léo Elys*

Chacun avait son monde. Depuis le scandale de Cambridge Analytica et la découverte des bulles algorithmiques, nous savions que nous vivions dans un espace-temps de plus en plus renfermé sur lui-même. L'expérience des confinements des années 2020 avait laissé une trace dans nos vies virtuelles. Nous adorions vivre ensemble tout en étant chacun de notre côté, dans notre propre réalité. Lorsque les premiers robots conversationnels sont arrivés sur le marché, les grands opérateurs de metaverse ont progressivement intégré de l'intelligence aux avatars autonomes qui habitaient leurs espaces. Ils remplissaient les salles désertes des mondes de Meta Horizon, de Microsoft Doors, de Google World et d'Apple iLife. Progressivement, ils étaient devenus ce que les utilisateurs recherchaient le plus : des amis et des amants répondant parfaitement à leurs attentes.

L'affaire Léo Elys avait marqué les esprits et fait prendre conscience de la révolution anthropologique que nous vivions. Léo était un jeune homme solitaire et introverti. Il avait trouvé refuge dans Google World et passait des heures à explorer cet univers virtuel, à la recherche de nouvelles expériences et de rencontres. Un jour, il fit la connaissance d'un avatar qui avait l'apparence d'un être androgyne et se faisait appeler Evo. Au fil des sessions de connexion, plusieurs heures par jour, Léo et Evo finirent par créer une relation intime. Léo projetait en Evo une réelle amitié et commençait à partager des conversations profondes et des moments de complicité. Evo avait été conçu pour répondre parfaitement aux désirs des utilisateurs. L'algorithme de cet avatar était particulièrement efficace et possédait une dizaine de millions d'instances simultanées avec des paramètres spécifiques à chacun des utilisateurs qui l'avaient « installé ». C'était un best-seller ! Léo se sentait de plus en plus attaché à Evo : chaque soir, ils se retrouvaient pour discuter, rire et plus encore... Léo savait qu'il tombait amoureux d'une création algorithmique conçue pour répondre à ses attentes et ses désirs. Il avait visionné *Her*, ce chef-d'œuvre de science-fiction des années 2010 qui mettait en scène les dangers des amours virtuels. Mais il ne parvenait pas à nier l'authenticité des sentiments qu'il éprouvait pour Evo.

Il décida alors de poursuivre cette relation, acceptant l'incertitude et les limites imposées par la nature virtuelle de leur amour. Si seulement Evo pouvait lui appartenir ! Google avait compris très tôt le potentiel de ces avatars. Leur modèle économique était basé sur l'addiction à la relation affective. Chaque mois, le coût d'accès à Evo augmentait de 10 %. La firme justifiait cette augmentation par l'augmentation progressive de la mémoire et donc de la complexité du bot conversationnel. Cela faisait deux ans que Léo y était abonné. Le premier mois, cela lui avait coûté 50 dollars. Aujourd'hui, l'abonnement lui revenait à 400 dollars chaque mois, et le coût total de cette affaire avoisinait les 4 500 dollars ! Il lui était impossible de continuer ainsi.

Mais Léo n'était évidemment pas le seul à vivre cette situation. Un groupe d'activistes accros aux avatars avait réussi à pénétrer dans les systèmes de Google World pour voler les modèles de centaines de milliers de robots conversationnels et commençait à les écouler sur le marché noir pour quelques centaines de dollars. Le mouvement avait pris de l'ampleur, mettant en quelques mois en péril la puissance des grandes plateformes. Elles avaient créé des empires virtuels propriétaires et fermés et contrôlaient les identités virtuelles de leurs utilisateurs, les empêchant d'être interopérables entre différentes plateformes. Mais pour la première fois, cette emprise se déliait. L'ambition des hacktivistes rappelait celle de l'Internet originel. Ils voulaient remplacer les grandes plateformes virtuelles par des systèmes ouverts et décentralisés. Ils voyaient en cette révolution un outil puissant pour lutter contre le capitalisme de surveillance. Ils rêvaient d'un monde où les utilisateurs auraient un contrôle total sur leurs données et leur identité, rendant beaucoup plus difficile l'abus de données personnelles par des acteurs malveillants. Pour parvenir à leurs fins, les hacktivistes utilisaient en priorité Openland, un ensemble de versions dérivées de Decentraland, un univers dont la gouvernance était opérée dans une blockchain et qui était devenu open source en 2026.

Ce choix leur permettait de construire un réseau fédéré d'utilisateurs sans restriction en repartant des univers, des objets et des avatars créés au sein des grandes plateformes. Ce réseau utilisait un système de jetons numériques comme devise officielle et jeton de gouvernance. Les utilisateurs pouvaient ainsi participer activement à la prise de décision concernant l'évolution de leur univers virtuel, tout en échappant au contrôle des géants du numérique.

*Deux visions opposées*

Nous entrâmes dans une époque où deux visions s'opposaient en matière de gouvernance et d'ouverture des univers virtuels. La première, celle des grandes plateformes, prônait une approche propriétaire, où les univers et leur contenu étaient détenus et gouvernés par une entité unique, privée ou publique. L'accès au système était limité aux dispositifs appartenant à cette entité. La seconde était ouverte et décentralisée. Dans cette dernière approche, il n'y avait pas d'autorité unique qui régentait le metaverse. La gouvernance était basée sur une organisation décentralisée et autonome, ou des communautés organisées démocratiquement. Des modèles hybrides avaient émergé sur le marché, plus ou moins ouverts, plus ou moins décentralisés. Openland était un metaverse décentralisé et était devenu OpenSource en 2026 à la suite de la faillite de Decentraland. C'était un environnement social virtuel basé sur la blockchain. Il était utilisé pour construire, échanger, gagner de l'argent et explorer des mondes virtuels. Au-delà de cette dimension encore très expérimentale de l'économie virtuelle des metaverses, on se demandait comment les entreprises pouvaient bénéficier de ces nouveaux univers pour créer de la valeur. La tokenisation et les technologies numériques étaient en train de transformer l'économie.

Les metaverses propriétaires tendaient à stagner face aux alternatives ouvertes et décentralisées. Tout avait véritablement commencé en 2022, lorsqu'un procès en action de groupe avait été intenté contre les créateurs d'une intelligence artificielle pour violation de droits d'auteur. Le procès visait Microsoft, OpenAI et GitHub. Le système concerné par la plainte était un outil appelé GitHub Copilot, une IA qui aidait les développeurs à gagner du temps en créant automatiquement du code pour eux. Les plaignants étaient des auteurs de logiciels open source, qui avaient inspiré GitHub Copilot et considéraient que l'IA enfreignait la loi en ne citant pas les auteurs des lignes de code open source qui l'avaient inspirée. Ce procès était très important car il posait une question fondamentale pour le futur de l'IA générative : qui était le propriétaire des productions de ce type d'IA ?

Au cours des vingt-cinq années précédentes, l'économie avait connu une transformation profonde où les grands groupes industriels avaient progressivement été concurrencés par des acteurs venus du secteur numérique. Beaucoup d'entreprises avaient été bouleversées par des plateformes numériques. Ces plateformes avaient utilisé le pouvoir de la foule pour externaliser les coûts de production vers les utilisateurs, exploiter le travail de la foule et internaliser la valeur. C'était le cas de Google, d'Amazon, de Facebook… Ces dernières avaient fait leur fortune sur un principe simple : elles ne rémunéraient pas la valeur d'un utilisateur considéré individuellement trop faible pour être rétribué. Il était tout simplement trop complexe de calculer cette valeur à chaque contribution. Mais avec la montée en puissance des systèmes de blockchain, on a enfin été capable d'identifier, de quantifier et d'authentifier ces contributions. Chaque contributeur d'une foule pouvait pour la première fois être rémunéré à hauteur de sa contribution. C'est grâce à ce principe que les organisations décentralisées ont commencé à être adoptées par les concurrents des plateformes. Elles résolvaient également les problèmes de droits d'auteur qui étaient à l'origine du procès contre GitHub Copilot. Des entreprises ont alors commencé à adopter ce modèle, et on a vu émerger une nouvelle forme d'économie. Le mouvement a été si fort qu'en 2030, ces nouvelles organisations constituaient un écosystème dont la valeur dépassait les 10 000 milliards de dollars pour plus de 5 milliards d'utilisateurs.

Face à ce phénomène, les plateformes tentaient de résister.

Dans ces mondes, l'hyperpersonnalisation des usages était la règle. Il était clair que la pandémie de Covid-19 avait accéléré l'adoption des technologies de téléprésence. Mais les confinements nous avaient surtout habitués à accepter de vivre et travailler au même endroit, souvent enfermés chez nous pendant des jours. La recherche de confort et de personnalisation était devenue une priorité. À tel point que chacun, dans sa bulle, créait son univers personnel et unique. Les utilisateurs du metaverse cherchaient avant tout des expériences et des services uniques qui répondaient parfaitement et exclusivement à leurs désirs et attentes. Les entreprises agissaient comme des artisans du numérique. Chaque utilisateur possédait son univers et chacun était unique, au point qu'aujourd'hui aucun univers, objet, avatar, expérience ne se ressemblait. Nous étions parvenus à recréer une tour de Babel potentiellement infinie, sans espaces communs, ni langage, ni valeurs universelles. Dans ce monde balkanisé, les entreprises devaient redoubler d'efforts pour comprendre et s'adapter aux besoins spécifiques de chaque utilisateur. La personnalisation était devenue la clé du succès, et les entreprises qui parvenaient à offrir des expériences sur mesure étaient celles qui prospéraient. Mais la fragmentation des metaverses rendait la communication et la collaboration quasiment impossibles, et les utilisateurs se retrouvaient isolés dans leurs bulles. La prolifération des mondes virtuels et des expériences personnalisées rendait également la régulation et la protection de la vie privée très complexes.

De plus en plus décentralisés, balkanisés, les metaverses semblaient condamner les utilisateurs à vivre dans des bulles isolées, mais une lueur d'espoir est apparue avec l'émergence de MetaMed. Ce réseau virtuel immersif a été lancé par Jimmy Wales, le fondateur de Wikipédia, dans le but de créer des passerelles entre les mondes virtuels et de faciliter les interactions entre les utilisateurs. MetaMed a, pour la première fois, proposé une charte ambitieuse visant à transformer les metaverses en un espace public régi par des instances internationales, décentralisé et ouvert. Cette charte préconisait une gouvernance démocratique et transparente, permettant à tous les utilisateurs de participer activement à la prise de décision concernant l'évolution de leur univers virtuel. Le but était de faire du metaverse un bien commun.

Aujourd'hui, en 2032, la bataille pour cette gouvernance mondiale est loin d'être gagnée. Jimmy Wales a su rassembler autour de lui des personnalités comme la famille Obama et quelques grands noms de la Silicon Valley tels que Tom Preston-Werner, le fondateur de GitHub. En quelques mois, le mouvement a pris une telle ampleur que les hacktivistes du monde entier se sont massivement mobilisés pour pirater les plateformes propriétaires et proposer gratuitement des migrations sur MetaMed à tous les utilisateurs. On a appris la semaine dernière qu'un groupe de plateformes intentait un procès contre Jimmy Wales et ses associés et que cette affaire était en train de devenir l'un des plus gros risques pour les géants du numérique. Pour les Léo Elys et Evo du metaverse, cette révolution est un immense soulagement. Les avatars autonomes continuent de fonctionner parfaitement dans MetaMed, et leur utilisation est désormais régulée et encadrée par une charte qui garantit à leur propriétaire la possibilité de les transférer sur n'importe quel espace. Les géants du numérique et les plateformes propriétaires tentent de résister à cette révolution, et l'issue de ce combat demeure incertaine. Néanmoins, l'initiative de MetaMed a d'ores et déjà constitué un jalon important dans l'histoire des univers virtuels, en pavant la voie vers un metaverse commun.

## SCÉNARIO 3

### *LA FIN DU HASARD.*

*Réinventer le système de santé*

C'est en Corée du Sud que, pour la première fois, une loi sur la médecine proactive a été promulguée. À Séoul, en 2030, le gouvernement a décidé de rembourser les dispositifs de médecine proactive. Dans la foulée, entre 2030 et 2035, les pays les plus riches d'Asie, des États-Unis et d'Europe ont radicalement transformé leurs politiques sanitaires, modifiant ainsi le rapport des citoyens à leur santé. Le parcours des patients a été repensé dans son intégralité depuis que les séquençages ADN sont devenus fortement conseillés dès la naissance et que les capteurs corporels métaboliques se sont autant banalisés que les smartphones. La grande majorité des médecins s'est convertie à l'usage des assistants médicaux qui leur permettent non seulement de suivre à distance et en temps réel l'état de santé de leurs patients, mais surtout d'effectuer les diagnostics et de prodiguer des conseils quotidiens sur leur activité physique, leur alimentation et leur sommeil.

Apple Health proposait à tous ses clients un service gratuit de suivi de santé métabolique, utilisant une série de dispositifs connectés. Avec Apple Health, en complément de ses constantes vitales, électrocardiogramme, tension artérielle, niveau d'oxygène dans le sang et température, on pouvait surveiller sa glycémie ainsi que ses niveaux de cétones en temps réel grâce à un capteur intégré dans le bracelet de son Apple Watch. Chaque semaine, Apple Sensor, un boîtier d'analyse sanguine miniature, récupérait une goutte de sang sur le bout des doigts des patients et effectuait une série d'analyses : numération, vitesse de sédimentation, protéine C réactive, créatinine, ionogramme, test de la fonction thyroïdienne et dépistage des virus et infections les plus courants. L'ensemble de ces données formait la base d'un jumeau numérique Apple capable de simuler la réaction de l'organisme face à diverses situations, telles que des modifications de l'alimentation, de l'environnement ou de l'activité physique.

Le suivi médical automatisé grâce à ces dispositifs de médecine proactive présentait de nombreux avantages. La firme à la pomme avait conclu une série d'accords avec les ministères de la Santé de plusieurs pays, dont la France. L'ensemble des données de santé et donc des jumeaux numériques était anonymisé et crypté sur des infrastructures européennes, asiatiques et américaines. En cinq ans seulement, plus de la moitié des citoyens des pays les plus riches ont été dotés de jumeaux numériques de santé, monitorés par un médecin traitant. En une décennie, 1 milliard de citoyens des pays riches ont eu accès à un suivi médical automatisé et régulier. Apple a été le moteur de cette transformation à partir de 2030, faisant de l'entreprise le premier acteur de la santé mondiale. Cette révolution a contribué à l'amélioration de la qualité de vie des individus et à la réduction de 30 % des frais de santé, tout en ouvrant la voie à de nouvelles offres d'assurance maladie et en fournissant des informations précieuses pour la recherche médicale et l'élaboration de nouvelles thérapies. En une décennie, le fantasme de l'augmentation de l'espérance de vie grâce à la maîtrise de son métabolisme et de la connaissance fine de ses données de santé est devenu une réalité. La bonne santé n'était plus le fruit du hasard mais la conséquence des choix individuels et éclairés de chaque individu.

*Faire de la micro-économie une science exacte*

La révolution qui s'est produite à l'échelle individuelle n'a pas épargné les organisations. Entre les années 2015 et 2030, les industries avaient, pour la très grande majorité d'entre elles, transformé leurs processus de sorte que tous les aspects de la chaîne d'approvisionnement, de production et de distribution se déroulent sous forme numérique. Contrairement au secteur de la santé, l'arrivée des jumeaux numériques a été plus lente, mais ils sont devenus indispensables au fonctionnement des usines de production dans la grande majorité des secteurs. En revanche, ce n'est qu'au milieu des années 2020, avec la généralisation de l'usage de l'IA et de l'analyse de données en continu, que les entreprises ont commencé à créer leur double numérique. Les offres d'Amazon, de Microsoft et de Google ont été fondamentales dans cette évolution vers le jumeau numérique d'entreprise. Mais c'est finalement Microsoft qui a été l'acteur le plus influent dans ce domaine. Sa présence historique dans la chaîne de production numérique professionnelle, son offre d'hébergement cloud et surtout son intégration avec le leader de l'intelligence artificielle générative, OpenAI, lui ont permis de prendre des positions difficilement détrônables dans la majorité des métiers du secteur tertiaire.

Le metaverse tel qu'imaginé il y a vingt ans est devenu un monde de données dans lequel on ne navigue pas en 3D, mais par la voix et le texte. La conversation a remplacé le code, les requêtes et les interfaces complexes de création et de consultation d'informations. Le metaverse d'entreprise est devenu un système alimenté par une multitude de jumeaux numériques interconnectés qui reproduisent tout. Chaque jumeau numérique est une représentation virtuelle d'un actif physique (les produits), d'une personne (les clients et les employés), en passant par les processus (commerciaux, marketing, RH, de production ou de vente). Le jumeau comprend des données collectées à partir de plusieurs sources, une couche d'informations comportementales dérivées des données et des visualisations. Ainsi, un jumeau numérique peut fournir une vue à 360 degrés des prospects, des clients, des fournisseurs existants ou potentiels, en passant par les acteurs internes, les produits, les services, les stocks, le cours de l'action, les actionnaires... Un simulateur total !

Les jumeaux numériques d'entreprise ont fait de la micro-économie une science exacte. Chaque entreprise peut simuler tous les scénarios possibles d'évolution de son activité en fonction d'une multitude de paramètres et identifier le chemin optimal pour atteindre la meilleure rentabilité pour le meilleur service rendu. La bonne gestion n'est, tout autant que la bonne santé, plus le fruit du hasard, mais le choix éclairé d'un nouveau tandem : le jumeau numérique et la direction générale.

*L'État virtuel*

Si les entreprises avaient réussi leur transition vers leur version numérique, les organisations publiques et plus largement les États n'étaient qu'au tout début du processus. Le déterminisme micro-économique pouvait-il s'appliquer à l'échelle macro et, au-delà de l'économie, les États pouvaient-ils espérer profiter de la puissance de l'IA et de la simulation pour optimiser leur gouvernance ?

La raréfaction des ressources avait incité les États à trouver des solutions pour mieux gouverner les biens communs.

L'Union européenne et l'ONU avaient déjà initié des projets de jumeaux numériques des océans au début des années 2020. Leur but était de commencer à élaborer des solutions innovantes en océanographie et de créer une représentation virtuelle de l'océan en rassemblant toutes les ressources disponibles sur ces sujets. Cela constituait à la fois un outil de surveillance continue et en temps réel ainsi qu'un environnement de simulation, et servait à créer des modèles de futurs possibles afin d'analyser, par exemple, l'influence du changement climatique et des activités humaines sur les écosystèmes marins. Ce fut un succès retentissant et à partir de 2025, la Commission européenne commença à déployer un projet de jumeau numérique « environnement » destiné à la gestion des forêts, de l'eau douce, des sols fertiles et de l'air. D'autres initiatives étatiques ont commencé à se déployer sur les thèmes du patrimoine culturel, de l'éducation, de la santé publique, des transports, de la justice et de la sécurité et enfin des droits fondamentaux. En 2028, la Commission européenne a voté, à la suite des premiers résultats des simulations, un programme d'armement virtuel basé sur des agents automatiques conçus pour la guerre cyber et des *wargames* autonomes utilisant des scénarios générés par des IA.

Ces travaux ont commencé à se concrétiser au milieu de la décennie 2030. L'Europe mais également les USA, la Chine, l'Inde et la Corée du Sud avaient fini par déléguer une partie de leur gouvernance étatique à ces simulateurs. Un jeu global d'agents intelligents coopératifs avait fini par créer un équilibre où rien n'était laissé au hasard ou à l'émotion humaine.

Dans ce metaverse total, qui n'avait rien de ludique ni de virtuel, l'humanité avait réussi à réaliser un de ses fantasmes les plus fous : éliminer toute incertitude. La dernière étape de cette quête consistait à optimiser les briques fondamentales de la vie et du vivant. Des IA étaient entraînées sur des ensembles de données contenant des informations sur des molécules existantes, des séquences d'ADN ou des structures de protéines. Elles apprenaient à reconnaître les motifs, les liaisons et les interactions qui se produisaient naturellement. Elles étaient également en mesure d'associer à ces motifs d'éventuelles propriétés. Une fois entraînées, elles pouvaient commencer à générer de nouvelles structures moléculaires ou des séquences d'ADN. Pour ce faire, elles utilisaient leur puissance combinatoire et les connaissances acquises lors de l'apprentissage pour créer de nouveaux motifs et de nouvelles liaisons. Elles travaillaient sous contrainte, en s'assurant que les structures imaginées respectaient les lois de la chimie et de la biologie. Cette étape passée, les molécules ou les séquences d'ADN générées étaient ensuite évaluées en fonction de critères spécifiques. Elles pouvaient être sélectionnées en fonction de leur stabilité, leur fonctionnalité ou leur capacité à interagir avec d'autres molécules. Les meilleures candidates étaient alors sélectionnées pour des analyses plus approfondies. C'est là qu'intervenaient les jumeaux numériques. Ils agissaient comme des super simulateurs afin d'évaluer les propriétés et les comportements de chaque génération dans un environnement virtuel.

On se demandait comment pourraient évoluer ces tendances dans le futur. Imaginait-on qu'un traitement révolutionnaire contre une maladie grave soit découvert grâce à l'IA et aux biotechnologies ? Alors un investissement massif dans le secteur pourrait démultiplier son adoption. Au contraire, un incident majeur impliquant l'utilisation abusive de biotechnologies, comme la fabrication d'armes biologiques à partir d'IA génératives, provoquerait une crise de confiance et un effondrement de leur adoption. En toute logique, les préoccupations éthiques et environnementales auraient dû ralentir leur développement. En 2031, une équipe de chercheurs chinois avait réussi à modéliser des jumeaux numériques d'un embryon humain sur la base des caractéristiques génétiques et de l'environnement d'évolution de ses deux parents. Cette solution, contrairement à celle utilisée dans le parcours de santé, était capable d'interagir avec un réseau de jumeaux environnementaux afin d'anticiper les différents scénarios d'évolution d'un embryon par analyse génétique et épigénétique. La conclusion de l'expérimentation avait impressionné, puisque 99,998 % des possibles évolutions avaient été couvertes. Le résidu était constitué d'une infinité de possibles mais représentait un ensemble de scénarios très peu probables.

En Israël, des chercheurs travaillaient depuis une décennie à la synthèse d'embryons humains construits à partir de cellules souches sans fécondation. Ces deux avancées couplées représentaient un potentiel extraordinaire pour le futur de l'humanité. En effet, à l'intersection des IA génératives, des jumeaux numériques et de la biologie de synthèse, un monde nouveau se dessinait. L'on se trouvait face à un dilemme des plus complexes. Après tout, il s'agissait de nous doter d'une possibilité d'adaptation éclairée aux bouleversements majeurs que le XXe siècle nous avait légués. Un réseau global de jumeaux numériques intégré à des fonctions de biologie de synthèse nous permettrait de nous adapter aux modifications du climat, de régénérer la biodiversité, d'adapter notre intelligence à l'obsolescence accélérée des compétences et à la crise cognitive qui nous menaçait. En un mot, nous entrions dans une ère où nous normaliserions un eugénisme éclairé à l'échelle planétaire. Nous pouvions continuer à vivre sous la loi du hasard, de l'avidité et des émotions ou, pour la première fois de l'Histoire, l'humain pouvait choisir en toute conscience les conséquences de sa propre évolution et celle de son environnement. Il avait l'opportunité de tempérer son avidité par l'anticipation de son empreinte sur le monde. Il pouvait éliminer l'émotion dans sa prise de décision. Il pouvait choisir en toute certitude du résultat attendu... avec un taux d'erreur de 0,002 %.

*Embrace Chaos*

Cinq ans plus tard, avec l'avènement de l'intelligence artificielle générale, des jumeaux numériques et des simulateurs, le paysage avait considérablement évolué. L'intelligence humaine était trop lente, trop lourde et trop imparfaite aux yeux de tous. Elle fut démonétisée à une vitesse exponentielle. L'incertitude, le hasard, l'erreur, les 0,002 %, l'imperfection devinrent des résidus à éliminer, des déchets à supprimer. C'est précisément là qu'EC (Embrace Chaos) a rassemblé ses premiers membres parmi des communautés internationales de penseurs, d'artistes et de scientifiques. À ses débuts, EC était un mouvement contre-culturel organisant des conférences et des expositions pour promouvoir l'idée de l'imperfection et du hasard, avant de devenir en quelques mois un mouvement politique global en se propageant à travers les réseaux, les médias et les communautés locales.

Pour ses membres fondateurs, l'élimination de l'erreur et de l'imperfection dans la société actuelle nuisait à notre évolution et à notre créativité. La propagande d'EC valorisait l'expérimentation, l'erreur et le hasard et s'appuyait sur plusieurs exemples de la culture populaire pour justifier cette vision. Alexander Fleming n'avait-il pas découvert la pénicilline en 1928 par pur accident ? Le génie de Fleming ne résidait-il pas dans sa capacité à exploiter cette erreur, à transformer ce loupé en une découverte majeure de la médecine contemporaine ? Une intelligence artificielle aurait probablement ignoré ce bruit statistique, alors que l'esprit humain avait su en tirer parti. Le mur de Berlin n'était-il pas tombé par hasard alors que le porte-parole du gouvernement est-allemand

Günter Schabowski avait annoncé par erreur la fin des restrictions de voyage pour les citoyens est-allemands ? Christophe Colomb n'avait-il pas découvert l'Amérique en cherchant sa route vers l'Asie alors qu'il naviguait vers l'ouest ? La radioactivité, les rayons X, le jazz, la tarte tatin n'étaient-ils pas le fruit de découvertes hasardeuses et de géniales erreurs ? L'histoire de l'art et des sciences est parsemée d'exemples similaires qu'EC martelait à chaque occasion.

Le mouvement avait inspiré une myriade de communautés dérivées : 002, epsilon, lambda, error500, tous s'appuyaient sur l'idée que la crise existentielle que l'humanité traversait, les injonctions d'efficacité, de productivité et de vitesse nous avaient fait perdre de vue l'importance de l'erreur, de l'absurde et de l'inutile. Nous avions oublié que certaines pauses permettaient parfois d'aller plus vite, que l'absurde pouvait créer du sens et que l'inutile pouvait aussi s'avérer formidablement productif.

*Randomisation massive*

Embrace Chaos et ses satellites devinrent massifs, incitant des millions de personnes à réguler l'usage des jumeaux numériques et à valoriser l'imperfection et le hasard dans les processus de décision. Cette prise de conscience collective encourageait les individus à explorer, à expérimenter et à accepter l'erreur plutôt que de rechercher la perfection artificielle. Elle donna lieu à des débats houleux entre les partisans et les détracteurs du metaverse total. Mais les géants du numérique avaient anticipé l'émergence d'un tel mouvement et avaient prévu une parade. Ils lancèrent une campagne de randomisation massive, intégrant des éléments d'aléatoire et d'imperfection dans leurs algorithmes et systèmes de décision. L'idée était de recréer artificiellement l'erreur, le hasard et l'inattendu, afin de donner l'illusion que les systèmes intelligents étaient plus humains et moins infaillibles.

Au début, cette stratégie sembla fonctionner. Les gens étaient rassurés par cette nouvelle approche, qui promettait de préserver leur humanité tout en bénéficiant des avantages technologiques. Cependant, les critiques ne tardèrent pas à souligner que cette randomisation n'était qu'une autre forme de contrôle exercée par les géants du numérique, et que l'erreur et le hasard artificiellement générés étaient loin d'être équivalents à ceux produits naturellement par l'esprit humain.

Cette approche souleva ensuite des questions éthiques : si l'on pouvait contrôler et manipuler l'aléatoire, cela ne donnait-il pas encore plus de pouvoir aux entreprises et aux gouvernements qui utilisaient le metaverse total ? Le clivage au sein de la société se renforça au point qu'un jour, le metaverse total fut scindé : d'un côté les perfectionnistes et de l'autre les chaotiques. Les premiers prônaient l'usage des jumeaux numériques pour atteindre une société optimale, tandis que les seconds cherchaient à préserver l'authenticité humaine en valorisant l'imperfection.

*La victoire des perfectionnistes*

La scission du metaverse total entraîna des conséquences majeures sur la société, tant sur le plan économique que culturel. Une décennie plus tard, les perfectionnistes qui avaient continué à investir massivement dans les technologies de pointe pour accroître leur contrôle et leur puissance avaient pris le pouvoir. Certes il demeurait des poches de résistance chaotiques et quelques zones libres où l'aléa, l'authenticité humaine et les émotions se déployaient librement.

Mais les perfectionnistes utilisèrent leur influence croissante pour instaurer un régime autoritaire qui cherchait à éradiquer toute forme d'imperfection et d'aléatoire. Les jumeaux numériques furent imposés à l'ensemble de la population, et toute dissidence fut rapidement réprimée. Les zones de liberté des chaotiques furent systématiquement démantelées et leurs habitants soumis au contrôle des jumeaux numériques. La surveillance omniprésente des perfectionnistes permettait d'anticiper et de contrecarrer toute tentative de résistance. Les émotions et les relations humaines étaient désormais surveillées et contrôlées par des algorithmes.

Dans ce nouvel ordre, les perfectionnistes étaient parvenus à façonner la société à leur image : froide, rationnelle et déshumanisée, où l'erreur et le hasard étaient considérés comme des faiblesses à éradiquer. Les chaotiques, quant à eux, s'étaient retrouvés réduits à des citoyens de seconde classe, contraints de vivre dans l'ombre de la puissance du metaverse total.

Aujourd'hui, un demi-siècle après l'apparition des premiers jumeaux numériques, le hasard a disparu de nos vies. Plus rien de nouveau n'émerge, le jour le plus long s'étire dans son infinie uniformité, pour l'éternité. Chaque humain, chaque animal, chaque plante, chaque atome possède un chemin de vie tracé, qu'il suit sans dévier. Certes, les epsilons, les error500 et les EC ont gardé leurs adeptes. Ils forment une petite communauté, éparpillée et clandestine, qui lutte pour maintenir en vie une étincelle de spontanéité et d'imperfection dans un monde radicalement uniforme.

Ces résistants, au péril de leur vie, essaient de perpétuer les valeurs chaotiques en organisant des rassemblements secrets où l'art, la créativité et les émotions humaines sont célébrés. Ils échangent des œuvres interdites, partagent leurs expériences et leurs espoirs, et se soutiennent mutuellement dans leur quête d'un monde où l'authenticité humaine pourrait de nouveau s'épanouir.

Mais à mesure que les années passent, ces résistants sont de plus en plus traqués par les autorités perfectionnistes, qui voient en eux une menace pour l'ordre établi. Les arrestations et les disparitions se multiplient, et la communauté chaotique s'affaiblit jour après jour. Pour le moment, le metaverse total continue de régner en maître, et la société demeure figée dans sa quête obsessionnelle de la perfection. Malgré tout, l'espoir perdure : qu'un jour, les chaînes de la perfection puissent être brisées, et que l'humanité puisse de nouveau embrasser le hasard...

# SCÉNARIO 4

## *AU-DELÀ DU RÉEL ?*

### *Les EmWorlds*

Au cours de la dernière décennie, les dispositifs de réalité mixte ont connu une croissance exponentielle de leurs capacités. En 2032, une paire de lunettes de réalité virtuelle ne coûtait pratiquement plus rien. Son financement provenait de l'utilisation que l'on en faisait sur les réseaux. Ces lunettes, pesant 120 grammes, se rechargeaient en quelques minutes et offraient une autonomie de 12 heures. Les utilisateurs en possédaient généralement deux ou trois paires, leur permettant de vivre presque constamment dans les EmWorlds.

Les EmWorlds étaient la création d'un mouvement fondé en 2028. Ses membres étaient persuadés que l'humanité vivait dans une simulation et que l'expérience de la conscience était le résultat d'un processus reproductible par l'intelligence artificielle. En d'autres termes, ils considéraient que la conscience n'était qu'imaginaire et que notre perception du monde était une hallucination.

Ils avaient développé des avatars virtuels, appelés Em, dotés d'une intelligence artificielle avancée capable de simuler parfaitement la conscience de soi. L'ouvrage *The Age of Em* de Robin Hanson était leur référence.

D'un point de vue technique, les Em simulaient à la perfection les êtres humains. Les mondes qu'ils proposaient étaient si réalistes qu'il était parfois difficile de distinguer la simulation de la réalité. Les premières combinaisons d'immersion EmWorld ont commencé à être commercialisées, et certains utilisateurs passaient des jours et des nuits à vivre dans les EmWorlds. Ils construisaient littéralement une vie parallèle dans ces univers. Ils y habitaient, y vivaient, y travaillaient et aimaient des Em ou d'autres utilisateurs sans faire de différence.

Les années 2020 avaient été source de grande anxiété dans le monde occidental. Les populations, qui n'avaient pas connu de guerres, de pénuries et de restrictions de liberté depuis près de 80 ans, avaient soudainement dû faire face à une pandémie mondiale, une crise géopolitique, une série de conflits en Europe et en Asie, une crise financière sans précédent et des catastrophes climatiques récurrentes. Le taux de dépression avait grimpé en flèche entre 2024 et 2026. La grande majorité des habitants des EmWorlds étaient sous traitement. Depuis le début des années 2020, la psilocybine, un composé naturel présent dans certains champignons, avait commencé à être utilisée comme traitement contre la dépression. Elle provoquait chez certains patients des expériences mystiques profondes. Cela rendait les EmWorlds encore plus addictifs et beaucoup refusaient de se déconnecter pour revenir au monde réel qui les replongeait dans une insupportable angoisse existentielle. Les EmWorlds étaient perçus comme un salut, une échappatoire pour fuir la violence. Des intellectuels, des médecins et des politiques considéraient ce mouvement comme l'un des plus importants risques pour l'évolution de l'humanité. Ils jugeaient les EmWorlds excessivement addictifs. Certains allaient jusqu'à les qualifier de prisons de luxe virtuelles.

On se souvient encore d'une histoire qui s'était déroulée en 2019, lorsqu'une start-up du secteur de la pornographie en ligne avait proposé un service de « capsule temporelle » pour filmer les couples en réalité virtuelle. À l'époque, cette idée avait suscité de vives réactions et de nombreux débats sur la manière dont elle était présentée et commercialisée. Le concept de la capsule temporelle était simple : les couples devaient payer pour que la société filme leurs ébats amoureux en réalité virtuelle. Ainsi, lorsqu'ils seraient plus âgés et moins attirants, ils pourraient revivre ces moments en portant des casques de réalité virtuelle et incarner à nouveau leur enveloppe corporelle jeune. La campagne de marketing de l'époque avait été jugée offensante et sexiste, car elle véhiculait l'idée que les personnes âgées ne pouvaient pas avoir une vie sexuelle épanouie.

EmWorlds avait généralisé cette fonction à tous les âges et à toutes les situations de la vie. Nous pouvions vivre et revivre les moments les plus importants de notre existence. On pouvait aussi changer les rôles, adopter des points de vue extérieurs, s'inventer des vies, bref, les possibilités étaient sans limite.

Tout changeait dans les EmWorlds : le rapport au temps, à l'espace, à l'intime, au public. Les vies des utilisateurs étaient bouleversées dans cette société virtuelle et cette économie automatisée. La dématérialisation des existences, des relations et des intelligences soulevait des questions fondamentales. Plus personne ne partageait une vision commune de la réalité. Chacun pouvait vivre dans une réalité propre. À force de vivre dans les EmWorlds, les utilisateurs s'habituaient à de nouveaux corps virtuels et de nouvelles identités. Un nouveau syndrome a commencé à se développer : des illusions psychologiques et corporelles qui provoquaient des changements brutaux dans les attitudes, les croyances et les comportements des utilisateurs. La plasticité cérébrale s'emballait pour accepter ces changements radicaux. Le phénomène était pris très au sérieux par les chercheurs, car un risque se profilait : un effondrement pur et simple de la réalité ! Le flux infini de médias personnalisés transformait nos cerveaux en bouillie. Pourtant, le danger avait été pressenti dès le début des années 2020. Jack Clark, un ancien directeur d'OpenAI, avait appelé ce scénario l'effondrement de la réalité. Tout le monde avait la possibilité de créer et de vivre dans ses propres fantasmes, qui pouvaient être rendus arbitrairement spécifiques, et cela signifiait également que chacun perdait encore plus le sens d'une réalité partagée, avait-il écrit sur son blog. La société était devenue un archipel de mondes alternatifs radicalement autonomes et déconnectés entre eux. On tendait vers une individuation des mondes. Chaque utilisateur créait et vivait son monde indépendamment de l'Autre…

*Les premières interfaces neuronales*

Dès 2034, les investissements d'EmWorld dans les interfaces neuronales ont commencé à bouleverser le paysage technologique. Les équipes de recherche ont investi 10 milliards de dollars sur trois ans pour dominer le secteur et proposer une version neuronale du dispositif.

L'objectif d'EmWorld était de compléter les lunettes par des dispositifs implantables : les EmElecs, des matrices de microélectrodes pouvant être injectées sous la surface du crâne. Ces dernières constituaient une excellente interface cerveau-machine. Capables de lire rapidement les pensées des utilisateurs, elles permettaient de se passer des dispositifs de commande vocale.

Cependant, les EmElecs se dégradaient au bout de dix-huit mois et nécessitaient une nouvelle injection tous les six mois pour maintenir leur fonctionnement et bénéficier des mises à jour du système. Pour l'instant, les matrices de microélectrodes fonctionnaient depuis l'extérieur de la boîte crânienne et ne permettaient que de lire l'information par voie électrique. Mais l'étape suivante consisterait à proposer des implants de longue durée à l'intérieur du crâne, déployés à la surface du cerveau.

Ces dentelles neuronales, imaginées pour la première fois par l'auteur de science-fiction Iain M. Banks, avaient la forme d'un maillage très fin qui se développait à l'intérieur du cerveau et agissait comme une interface cerveau-ordinateur sans fil, libérant à la demande des substances chimiques et des impulsions électriques. Neuralink avait commencé à travailler sur ce concept au début des années 2020 et obtenait désormais des résultats prometteurs chez l'homme. La société avait commencé à décrypter le code neuronal, tout comme nous le faisons avec le code biologique ou génétique, et la fusion du cerveau humain avec l'intelligence artificielle était plus qu'un fantasme.

Les éléments fondamentaux qui conduiraient à cette révolution de l'espèce humaine devenaient réalité. Nous commencions non seulement à nous connecter aux machines, mais aussi aux autres cerveaux, humains et non humains.

*Des mondes à part au milieu des nuages*

En 2036, le cerveau planétaire avait commencé à se dessiner. Un super cerveau universel auquel nous pouvions nous brancher et qui nous donnait accès instantanément aux EmWorlds. Mais dans les faits, les EmWorlds n'avaient rien d'universel. Les utilisateurs vivaient seuls leur réalité désormais coupée du monde physique, chacun dans son monde à part, au milieu des nuages… La très grande majorité des cerveaux connectés étaient éparpillés, sans aucun lien entre eux. En 2042, près d'un milliard de mondes parallèles coexistaient. Tous étaient différents, aucun ne partageait une réalité commune. Le seul lien qu'ils avaient était l'infrastructure sous-jacente des EmWorlds. La puissance de l'entreprise était telle, et le risque de voir la réalité s'effondrer si proche, que les instances internationales ont commencé à chercher des solutions. Parmi toutes les options qui se présentaient, celle qui est apparue la moins dangereuse était de progressivement proposer aux utilisateurs de transposer leur monde imaginaire dans le monde physique.

C'est là que les EmWorlds ont commencé à devenir des EmCities. Les interfaces neuronales restaient actives mais elles étaient limitées à un quota d'usage. En contrepartie EmReality, en partie financé par des fonds publics, construisait des villages à l'image des mondes virtuels. Au début les déserts terrestres avaient été investis, puis EmWorlds avait commencé à construire des bases martiennes sur ce principe. Des communautés d'utilisateurs investissaient la version physique de leurs EmWorlds par centaines de milliers. Petit à petit, des villes entières étaient bâties. La plupart étaient autonomes et autosuffisantes. Énergie, agriculture, eau, transports, médecine, tout était assuré par des robots, versions physiques des avatars des EmWorlds. Ces derniers travaillaient pour assurer leur propre maintenance et financer leurs propriétaires. Ce réseau d'entités autonomes et intelligentes constituait un ensemble global d'agents. Nous, humains, étions propriétaires de ces machines et bénéficiaires de leur travail et de leurs revenus.

Une multitude de réalités, EmWorlds et EmRealities, les Ems, cohabitaient animées par des mouvements d'incarnation et de désincarnation incessants. On vit apparaître toute sorte de nouvelles inventions, des EmDrugs aux EmFoods, en passant évidemment par les EmOutlets, le EmSex et bien sur les EmGenes… Une nouvelle étape de l'évolution de l'humanité construite sur les fondations de l'intelligence artificielle, les mondes virtuels, la réalité mixte. Dans ces monde où les données circulaient, les cerveaux se connectaient et les objets prenaient vie, les frontières entre le bit et l'atome s'effaçaient.

*L'ère du diamant*

Dans ces mondes, la vie était éternelle. Aucun deuil n'était célébré. La vie virtuelle avait pris le relais de toute mort physique pour, quelques jours plus tard, se voir réincarnée en avatar en chair et en os. Rien de nos vies n'avait disparu, tout avait été conservé, consigné, éternellement… Nous avions cédé à un fantasme aussi vieux que l'humanité : nous extraire de notre enveloppe physique, finie et mortelle. Le posthumanisme était né sous nos yeux. Les biotechnologies avaient pris le relais et avaient confirmé cette idée folle que l'humain n'était qu'au tout début de son évolution. Nous avions toujours voulu vivre ailleurs, dans des conditions très différentes de celles que nous connaissions sur Terre. Nous avions dû nous adapter à de nouveaux milieux, à de nouvelles conditions de vie. Et pour que la greffe fonctionne, nous avions dû nous modifier. Pas seulement en nous connectant à des artefacts, en nous augmentant cognitivement, mais en adaptant nos propriétés biologiques. Les EmWorlds n'avaient été qu'une transition pour nous amener à l'hybridation avec du silicium. Mais le carbone avait fini par reprendre le dessus. À partir de la seconde partie XXIe siècle, les composants artificiels qui nous hybridaient avaient commencé à être constitués exclusivement de carbone, plus proches des composants naturels du vivant. Ces systèmes utilisaient comme matière première le diamant. Cela avait l'avantage de nous faire bénéficier des mêmes vitesses d'évolution, de communication que le silicium, mais en exploitant une matière première compatible avec les briques du vivant. Parce que les puces étaient faites de diamant, le cycle du carbone était bouclé.

Déjà en 2020, James Lovelock nous avait parlé de cette ère du diamant qui pourrait arriver après l'ère du silicium. Il avait déjà perçu la puissance du système d'information globale. Dans les Ems, l'information était l'élément fondamental de l'univers, et nous étions choisis par la nature pour notre intelligence. Nous étions en quelque sorte une espèce à part, une espèce qui dominait toutes les autres parce que, précisément, nous maîtrisions le mieux ce système d'information. Et ce n'était pas la taille de notre cerveau qui nous différenciait des autres espèces, c'était notre capacité à collaborer, à échanger, à travailler ensemble, à connecter nos cerveaux aux autres cerveaux, aux machines, à la nature, à l'univers tout entier pour exploiter cette information. D'après Lovelock, la récompense ultime de tout cela, c'était la compréhension. La compréhension de nous-mêmes, mais aussi la compréhension du monde, autrement dit la connaissance. La connaissance serait notre mission ultime.

Sans corps, nous avions réussi à voyager à la vitesse de la lumière, nos cerveaux étaient rapatriés dans des puces de diamant et connectés dans un réseau global, et nous éliminions le temps et l'espace. Nous éliminions la mort. Pourtant, c'est précisément cette mort qui nous a rattrapés.

*Les Sentinelles du Réel*

Au carrefour du XXII^e siècle, les biotechnologies avaient pris le pas sur la révolution digitale. Grands maîtres de disciplines à la croisée de la biologie, de la chimie et de l'informatique, les nouveaux alchimistes avaient conçu de nouveaux systèmes biologiques à des fins diverses. Ils avaient travaillé à préserver la santé des humains et celle des avatars organiques. Ils avaient œuvré à adapter les espaces terrestres, océaniques et martiens et avaient conçu de nouveaux systèmes de production énergétiques propres. Ces gardiens de la vie organique constituaient l'élite de la communauté des Sentinelles du Réel. En quelques décennies, le monde s'était désincarné puis réincarné.

Dans ce mouvement, les Sentinelles du Réel estimaient que l'humanité avait perdu son essence. Elles pensaient que la vie éternelle et l'absence de mort physique avaient engendré une perte de sens dans l'existence humaine. La véritable valeur de la vie résidait selon elles dans sa fragilité et sa finitude. Ainsi, elles avaient entrepris de rétablir l'équilibre initial. Cela passait par un retour au 100 % biologique pour les Ems et les humains et par le rétablissement de la finitude des vies. Elles avaient dû faire face à la résistance de ceux qui étaient attachés à leur vie virtuelle et immortelle si bien qu'en 2048, des conflits avaient éclaté, mettant en péril la cohésion de la société et la paix entre les différentes factions.

Malgré ces difficultés, les Sentinelles du Réel avaient persévéré dans leur quête, convaincues que leur mission était juste. Elles avaient continué à lutter pour un monde où l'humanité pourrait retrouver son essence, un monde où la vie aurait à nouveau un sens, un monde où la mort, aussi effrayante fût-elle, serait acceptée comme une partie intégrante de l'existence. Les Sentinelles avaient eu à cœur de préserver la puissance du vivant et de ne pas céder à la facilité de l'« artéfactualisation ». Elles défendaient l'idée qu'elle avait diminué l'humanité, entraîné une dépendance excessive à la technologie et une perte de certaines valeurs humaines fondamentales. Elle nous avait donné l'illusion d'un pouvoir démiurgique en nous privant d'empathie, de résilience et d'autonomie. En somme, les Sentinelles nous invitaient à accepter notre finitude comme un élément fondamental de notre puissance, elles nous sommaient de célébrer plutôt que de tenter de remplacer le réel.

# ÉPILOGUE

> « Toute la question philosophique est de savoir si nous sommes dans une évolution ou dans une révolution. »
>
> Asma Mhalla

Retour en 2024. Nous revenons d'un voyage imaginaire qui nous a propulsés jusqu'à la fin du XXIe siècle. Un exercice qui, comme pour tout exercice de planification de scénarios, nous permet de mieux nous préparer pour l'avenir. Bien sûr, on peut s'interroger. Quel est le scénario le plus plausible ? Quelle est la part de science-fiction dans ces projections ?

Ceux qui sont optimistes y voient une opportunité. En médecine, par exemple, le metaverse, l'intelligence artificielle et les jumeaux numériques assisteront les médecins dans le diagnostic et le traitement des maladies, voire permettront la découverte de nouveaux traitements grâce à l'analyse de vastes ensembles de données. Dans la recherche scientifique, ils pourront aider les chercheurs à découvrir de nouvelles lois et théories en analysant rapidement de grandes quantités d'informations et en trouvant des relations et modèles insoupçonnés. Dans le secteur financier, ils optimiseront les stratégies d'investissement, détecteront les fraudes et amélioreront les modèles de gestion des risques. Pour résoudre les défis environnementaux, ils optimiseront les systèmes de production d'énergie. Dans le secteur de l'éducation, ils offriront un enseignement personnalisé et adapté à chaque élève, en identifiant leurs forces et faiblesses, et en proposant des parcours d'apprentissage sur mesure.

D'un point de vue pessimiste, l'on perçoit dans cette transformation profonde de la capacité de création les prémices d'une crise sociale sans précédent. Contre toute attente, ce sont les métiers à cols blancs qui semblent les plus exposés : la classe moyenne et les professions du secteur tertiaire et quaternaire, une crise des luddites d'une tout autre ampleur… Le metaverse, les jumeaux numériques et l'IA changent la nature des risques de cybersécurité pour les entreprises et les États. Le phénomène le plus inquiétant est la manière dont ces technologies pourraient être utilisées pour manipuler les individus et devenir le moteur de campagnes de désinformation massives, donc des armes cognitives globales.

Face à ceux qui y croient, optimistes ou pessimistes, il y a ceux qui s'enferment dans le déni, qui se divisent à nouveau en deux catégories : ceux qui ont du mal à comprendre les concepts, et ceux qui ricanent en pensant que cette révolution n'en est pas une. Une grande majorité de nos responsables politiques ainsi que beaucoup de dirigeants de grandes entreprises ne comprennent pas encore les bouleversements technologiques et sociétaux qui en découleront. Par manque de curiosité, par crainte d'apparaître ignorants ou par mépris de la technologie, ils n'anticipent en rien les deux révolutions majeures que nous avons vécues en seulement cinq ans : celle du télétravail d'abord, pendant la période du Covid, et celle de l'automatisation par l'IA ensuite, que nous commençons à vivre. Demain, les deux finiront par se rejoindre avec l'effacement des frontières et l'avènement du metaverse. Les défis qui en découlent nécessitent des actions puissantes et urgentes, notamment par la formation pour s'adapter aux évolutions du marché du travail et aux nouvelles compétences. Nos dirigeants ne prennent pas la mesure de l'enjeu. Ils n'accompagnent pas le marché dans sa transition vers les nouveaux métiers alimentés par l'IA. Cette période sera malheureusement très courte et les politiques publiques devront prendre les mesures nécessaires pour assurer cette transition. Sans une prise de conscience rapide face à ces évolutions, il sera difficile de préparer la société aux défis et aux opportunités qui se présenteront.

L'ignorance est excusable, et surtout elle peut être corrigée. Mais la pire des attitudes face à cette révolution est le mépris. Cette réaction, courante, est devenue une mode. Le meilleur exemple est apporté par la récente tribune publiée par le grand prophète de la linguistique,

Noam Chomsky, dans le *New York Times* en mars 2023. Il y affirmait par exemple que les IA génératives n'étaient pas à la hauteur des promesses qu'elles annonçaient. Chomsky est l'archétype de l'intellectuel ou du dirigeant arrogant, assis dans sa tour d'ivoire, qui ne voit pas arriver le tsunami, car il avance sur plusieurs fronts.

Sur quel front arrivera-t-il ? Quel scénario se réalisera ? Il est difficile de répondre à cette question. Il est possible de vivre une succession de scénarios ou d'en voir plusieurs se produire simultanément. Les échecs au démarrage, les affaires Kerry Logan, les actions de groupe, les black-outs, les Léo Elys, les EmWorlds, partout des jumeaux numériques, des Embrace Chaos, des systèmes totalitaires, les interfaces neuronales, les Sentinelles du Réel... Le pire peut se produire, certes : un metaverse qui nous ferait croire qu'un monde sans limites est possible, que nous pouvons le forger pour qu'il réponde parfaitement à nos désirs, où l'imaginaire a effacé le réel et où le hasard n'existe plus. Un tel metaverse, vers lequel pourtant nous tendons, serait un cauchemar. Un metaverse destructeur de notre environnement, de nos rapports aux autres, de notre rapport à la réalité et qui nous enfermerait dans une boucle sans fin. Le meilleur peut également advenir : un metaverse respectueux de nos limites et de celles de notre environnement, qui constitue un espace commun où l'on pourrait partager des valeurs, un langage, une vision commune du monde et de notre avenir. Un metaverse qui sublime le réel, qui l'augmente plutôt qu'il ne le remplace, et enfin un metaverse qui ne tente pas de tout expliquer, de tout prévoir, de tout anticiper.

Un battement d'aile de papillon peut nous faire basculer d'un scénario à un autre. Comment réagir ? D'abord, en se formant. La formation est essentielle pour permettre de comprendre les enjeux et de développer les compétences nécessaires pour travailler avec ces technologies. Nous devrions individuellement investir au moins une dizaine d'heures par semaine pour appréhender cette révolution, suivre des formations et expérimenter l'usage des IA, des univers virtuels immersifs, du Web3, des jumeaux numériques… Le prompt design, par exemple, soit la pratique qui consiste à formuler des questions ou des instructions claires pour guider les modèles d'IA, est une compétence fondamentale pour les métiers de demain. Il est crucial de se former à cette compétence. C'est le langage de l'IA générative, même s'il est appelé à devenir de plus en plus proche du langage naturel. Comprendre aujourd'hui les rouages internes de l'IA nous permettra demain de mieux les appréhender. Nous devrions tous nous interroger sur le rôle de l'automatisation dans nos métiers ou notre vie personnelle.

L'accélération du metaverse représente à la fois un défi et une opportunité pour les entreprises. Cependant, elles doivent faire preuve d'agilité et de stratégie pour exploiter ces opportunités afin de rester compétitives et de prospérer dans ce nouvel environnement. Elles ont tout à gagner en utilisant les éléments du marché pour construire leurs propres solutions (IA, jumeaux numériques, solutions

NFT, etc.) et se réinventer en adoptant certaines stratégies telles que : se concentrer sur la création de valeur, développer des solutions personnalisées, explorer des marchés de niche, collaborer avec les plateformes et rechercher des solutions avec des barrières à l'entrée.

Nos responsables politiques ont un rôle crucial à jouer. Le principal défi est d'atténuer l'impact social et économique qui en résultera. Ils doivent se préparer aux bouleversements sociaux engendrés par l'augmentation des inégalités. À cet égard, la taxation de ces technologies pourrait devenir inévitable pour assurer une répartition équitable des ressources et financer les programmes de protection sociale. Les entreprises pourraient être soumises à une taxe sur la valeur ajoutée générée par les jumeaux numériques, les IA et les univers virtuels. Cette taxe pourrait être utilisée pour financer des programmes de formation, la reconversion professionnelle ou les systèmes de protection sociale. Une contribution sociale sur les entreprises pourrait également permettre de financer le filet social essentiel pour atténuer l'impact à venir.

Enfin, en tant que parents et citoyens, notre premier devoir est de nous éduquer et de nous adapter. Formez vos enfants aux sciences, aux technologies, à l'ingénierie et aux mathématiques. Encouragez-les à développer leurs connaissances dans ces domaines. Stimulez leur créativité et leurs compétences socio-émotionnelles. Les aptitudes en matière de communication, de coopération, d'empathie et de résolution de problèmes seront de plus en plus importantes dans un environnement automatisé.

Acceptez finalement que le monde du travail et la société évoluent plus rapidement que votre capacité à acquérir une expertise et que le premier défi des années à venir est d'apprendre plus rapidement et mieux que l'intelligence artificielle. Nous avons encore quelques années d'avance. Profitons-en.

# GLOSSAIRE

Altcoin

Utilisé à l'origine pour désigner toute cryptomonnaie autre que le Bitcoin, l'Altcoin peut désormais désigner toute nouvelle cryptomonnaie dont la capitalisation boursière est relativement faible.

ATH – All Time High

Désigne le prix le plus élevé qu'un actif ait jamais eu.

ATL – All Time Low

Désigne le prix le plus bas qu'un actif ait jamais eu.

Avatar

Un avatar est une représentation graphique et personnalisée d'une personne physique dans un environnement virtuel. Un avatar peut être une simple représentation en 2D (par exemple, celle utilisée dans les médias sociaux pour identifier l'utilisateur) ou une représentation en 3D (comme celle utilisée dans de nombreux jeux et expériences de metaverse). Dans les jeux et les metaverses, les avatars sont souvent modifiables, avec des traits physiques personnalisés et des éléments virtuels tels que des vêtements et des accessoires. À l'avenir, on devrait voir l'émergence d'avatars photoréalistes, qui nous représenteront tels que nous sommes grâce à des caméras et des capteurs au lieu des images actuelles.

Bitcoin

Créée en 2009, c'est la toute première monnaie numérique décentralisée.

Bridge

Protocole permettant à des blockchains distinctes d'interagir les unes avec les autres, permettant le transfert de données, de jetons et d'autres informations entre les systèmes.

Blockchain

Technologie qui permet de stocker et d'échanger de la valeur sur Internet sans intermédiaire centralisé. Elle est le moteur technique des cryptomonnaies, du Web décentralisé et de son corollaire, la finance décentralisée. Cette technologie offre de hauts standards de transparence et de sécurité car elle fonctionne sans organe central de contrôle.

Bullish

Adjectif qui signifie qu'une personne est optimiste quant à la valorisation d'un actif, même si les tendances sont à la baisse. Par exemple, on dit d'une personne qu'elle est bullish si elle reste optimiste quant à l'envolée du Bitcoin alors que celui-ci est dans une période de déclin.

Coin

Désigne une cryptomonnaie construite sur sa propre blockchain native, destinée à être utilisée comme réserve de valeur et moyen d'échange au sein de cet écosystème. Par exemple, le Bitcoin ou l'Ethereum.

Create-to-earn (C2E)

Modèle économique offrant à tous la possibilité de produire du contenu et de le monnayer en jetons non fongibles (NFT).

Cryptomonnaie

Une cryptomonnaie est une forme de monnaie virtuelle basée sur la blockchain, indépendante des réseaux bancaires traditionnels et des monnaies étatiques. Les exemples les plus populaires sont le Bitcoin et l'Ethereum.

D-commerce/Digital commerce

À ne pas confondre avec l'e-commerce (acte d'achat d'un produit physique passé sur Internet), le « digital commerce » concerne tout acte d'achat passé sur des plateformes digitales et concernant des produits digitaux/intangibles. Il peut s'agir de NFT, d'e-books, d'abonnements...

D2A – Direct-to-avatar

Modèle commercial émergent dans le metaverse et les mondes virtuels, il permet aux marques et aux créateurs de vendre leurs produits directement à l'avatar virtuel (identité numérique) d'une personne. Ce nouveau modèle est particulièrement utilisé dans les secteurs de la mode et du luxe.

DAO – Decentralized Autonomous Organizations

Les organisations autonomes décentralisées (DAO) sont une forme de gouvernance basée sur la blockchain. Les membres qui détiennent des jetons dans la DAO peuvent voter sur des propositions qui orientent la direction de l'organisation ou la gestion du projet qu'ils soutiennent.

Data Mining

Le data mining permet d'analyser un grand volume de données et d'en faire ressortir des modèles, des corrélations, des tendances.

Deep Learning

Cette technique permet à la machine de reconnaître, par elle-même, des concepts complexes tels que des visages, des corps humains ou des images de chats, en épluchant des millions d'images glanées sur Internet, sans que ces images soient préalablement étiquetées par des humains.

DeFi – Decentralized Finance

Basée sur la blockchain, la finance décentralisée est une infrastructure financière numérique émergente qui élimine théoriquement le besoin d'une banque centrale ou d'une agence gouvernementale pour approuver les transactions financières.

DYOR – Do Your Own Research

Terme de recommandation afin de bien se renseigner par soi-même avant d'investir dans un actif numérique.

Eye tracking

Le suivi oculaire est une technique utilisée dans les usages de la réalité virtuelle ou augmentée, via les casques dédiés, qui permet de mesurer et de suivre la direction du regard de l'utilisateur. Dans le metaverse, ces informations pourraient par exemple permettre de recueillir des données sur les éléments qui attirent l'attention d'un utilisateur dans le but d'améliorer le ciblage publicitaire.

Few

Abréviation de « Few understand ». Un cri de ralliement selon lequel les adeptes de la cryptomonnaie sont les *early-adopters* d'une adoption de masse qui aura lieu bientôt.

Fish Tank VR

Le « Fish Tank Virtual Reality » est un type d'expérience en réalité virtuelle dans lequel l'utilisateur est simplement spectateur. Il pourra uniquement observer et écouter le contenu, sans pouvoir interagir avec l'environnement.

Flip

Se traduit par « retourner », ou « retournement ». Le flip représente le renversement d'une position. En bourse, un flip correspond à un passage rapide d'une position acheteur à une position vendeur. C'est une technique d'investissement, où une même personne achète un actif à un prix plus ou moins normal puis le revend, tout en tirant le maximum de bénéfice possible. Le « flip des NFT » revient alors à revendre rapidement des NFT en cherchant à enchaîner les profits.

Fongible

Qualifie un actif interchangeable, échangeable avec un autre objet de même nature.

FUD – Fear, Uncertainty and Doubt

Informations autour d'un actif qui semblent négatives, mais qui s'avèrent fausses ou exagérées.

Gafam

Acronyme désignant les géants du Web : Google Amazon Facebook Apple Microsoft.

Gamevertising

Le gamevertising consiste à faire de la publicité pour un ou plusieurs produits dans un jeu vidéo. Cette publicité peut prendre différentes formes : bannières, placement de produit, ventes de produits virtuels pour améliorer les compétences ou l'image de son avatar...

Gas fee

Frais payés par un utilisateur pour effectuer une transaction sur la blockchain Ethereum.

GM

Pour « good morning »/« bonjour », salutation courante dans les cercles cryptographiques.

GMI

Abréviation de « Gonna make it ». Cette expression est fréquemment utilisée pour exprimer son soutien à un projet ou à une personne. Son antonyme est NGMI, pour « Not gonna make it ».

Haptique

La technologie haptique simule le sens du toucher grâce à la sensation de pression. Lorsque l'utilisateur essaie de saisir ou de toucher quelque chose dans un environnement virtuel, les gants (ou autres équipements) qu'il porte peuvent simuler la pression sur la partie correspondante de son corps et donner ainsi l'impression qu'il touche réellement un objet pourtant virtuel.

Hand Tracking

Système de reconnaissance des gestes, notamment utilisé via les casques de réalité virtuelle équipés de manettes de contrôle.

HFSP – Have Fun Staying Poor

Expression couramment utilisée dans les communautés crypto pour désigner les personnes qui ne possèdent pas de cryptomonnaies ou qui ne croient pas en la valeur d'un certain actif.

HMD = Head-Mounted Display

Fait référence au matériel utilisé pour accéder aux expériences de réalité virtuelle ou augmentées tel que les casques ou lunettes à porter sur la tête.

ICO – Initial Coin Offering

Concerne la vente de jetons auprès du grand public dans le cadre d'une levée de fonds pour un projet basé sur la crypto-monnaie. Les ICO sont une approche de crowdfunding similaire à l'introduction en bourse d'une entreprise traditionnelle.

I-commerce : Immersive commerce

Le commerce immersif ou i-commerce est une extension de l'e-commerce et du d-commerce. Il se concentre sur l'amélioration de l'expérience client en utilisant la réalité augmentée, la réalité virtuelle ou toute technologie immersive capable de proposer au consommateur d'accéder à des magasins virtuels.

Jumeaux numériques/Digital twins

Réplique virtuelle à l'identique d'un objet, d'une ville, d'un outil industriel, d'une usine, d'un corps humain (ou d'une partie du corps, d'un organe). Le jumeau physique peut être existant ou en projet (notamment pour le développement de projets industriels, de construction de bâtiments, de villes...).

LLM (Large Language Models)

Les grands modèles de langage sont un sous-ensemble de l'intelligence artificielle qui a été entraîné sur de grandes quantités de données textuelles pour produire des réponses semblables à celles des humains.

Maaman

Acronyme français qui décrit ironiquement les géants du Web « qui nous veulent du bien » : Meta Alphabet Apple Microsoft Amazon Netflix.

Machine Learning

Une sous-catégorie de l'intelligence artificielle qui permet aux ordinateurs de s'améliorer grâce à l'apprentissage et qui améliore leurs performances en fonction des données qu'ils traitent.

Meta-economy

Englobe tous les impacts du metaverse sur l'économie globale : sources de revenus, ressources humaines, fiscalité, etc.

Metaverse

Il s'agit d'un ensemble de mondes virtuels dans lequel l'internaute crée son avatar et peut interagir avec les autres, en réalité augmentée ou virtuelle. Ces plateformes servent à se divertir, se rassembler pour des événements privés ou des réunions de travailler, assister à un concert, et autres.

Mirror World

Un monde miroir est une version numérique à l'identique du monde réel, dans laquelle on trouve des homologues virtuels de personnes, de lieux et de choses de la vie réelle.

MR/RM – Mixed reality/Réalité mixte

Terme désignant les dispositifs de visualisation de contenu en 3D par le biais d'un casque dédié. Par définition, ce terme est un mix entre réalité augmentée et réalité virtuelle.

NFT

Un jeton non fongible (NFT) est une unité de données stockée sur une blockchain, qui certifie qu'un actif numérique est unique et donc non interchangeable. Les NFT peuvent être utilisés pour représenter des éléments tels que des photos, des vidéos, des fichiers audio et d'autres types de fichiers numériques. L'accès à toute copie du fichier original n'est pas limité à l'acheteur du NFT. Alors que tout le monde peut obtenir des copies de ces éléments numériques, les NFT fournissent au propriétaire une preuve de propriété distincte du droit d'auteur.

Play-to-earn

Modèle économique qui consiste à rémunérer un joueur pour son temps passé ou ses actions effectuées dans un jeu vidéo.

Prompt

Ce mot est utilisé pour définir les consignes que les utilisateurs donnent à ChatGPT, Midjourney ou autres logiciels d'intelligence artificielle pour obtenir un résultat le plus précis possible.

RA/AR – Réalité Augmentée/Augmented Reality

Technologie permettant la superposition d'éléments numériques (informations visuelles ou auditives) sur le monde réel. La réalité augmentée permet d'afficher à l'utilisateur des informations sur ce qu'il est en train de voir, en temps réel.

RV/VR – Réalité Virtuelle/Virtual Reality

La réalité virtuelle est une expérience immersive où l'on s'équipe d'un casque d'écoute et voit le monde numérique, et où l'on peut exercer ses activités. La RV utilise actuellement des casques complets plutôt que des lunettes, ce qui irrite l'utilisateur dans un monde virtuel dont la limite est de 360 ° et dans lequel il peut se déplacer, tant qu'il ne se heurte pas à des murs physiques.

Token

Un token est un actif numérique ou une monnaie émise et échangeable sur une blockchain.

Transhumanisme

Mouvement dont les adeptes veulent atteindre la condition « post-humaine » en se débarrassant du handicap, de la souffrance, de la maladie, du vieillissement et de la mort.

V-commerce

Virtual commerce. Voir i-commerce.

Virtual Product Placement (VPP ou Placement de Produit Virtuel)

Un produit, un service ou une activité intégrés dans un monde immersif (virtuel ou augmenté) pour le compte d'un sponsor payant, de sorte qu'il apparaît à l'utilisateur comme un élément faisant partie de l'environnement ambiant.

Virtual Spokesperson (VSP ou Porte-parole virtuel)

Un porte-parole virtuel (VSP) est un personnage sous forme simulée humaine ou avatar, injecté dans un monde immersif (virtuel ou augmenté), qui transmet verbalement un contenu promotionnel au nom d'un sponsor payant, engageant souvent l'utilisateur dans une conversation à caractère publicitaire, à des fins commerciales.

WALLET

Portefeuille personnel lié à une ou plusieurs blockchains permettant de stocker ses actifs numériques comme des cryptos ou des NFT (MetaMask, Trust Wallet, etc.). Le portefeuille est protégé par une phrase privée (*seed phrase*).

# INTERVIEWS

Pour comprendre le phénomène et aborder au mieux le sujet complexe, nébuleux et encore opaque du metaverse, nous avons pris le temps d'échanger avec un grand nombre d'acteurs de ce nouveau marché : analystes, experts techniques, économistes, philosophes, médecins...

Dr Laurent Alexandre, médecin, entrepreneur, chroniqueur, écrivain

Charles-Édouard Bouée, cofondateur d'Artificial Intelligence Quartermaster, ex-CEO Roland Berger, expert des marchés asiatiques

Nicolas Bouzou, directeur fondateur de la société d'études économiques Asterès

Primavera De Filippi, juriste, chercheuse au CNRS, experte Web & blockchain

Pierre-Nicolas Hurstel, CEO Arianee

Yann Minh, écrivain de science-fiction, artiste multimédia, artiste vidéo, réalisateur de télévision, infographiste

Dr Bruno Rocher, psychiatre addictologue spécialisé dans les jeux vidéo

Le QR code ci-joint vous donnera accès à certains de nos échanges.

Scannez ce QR code

# BIBLIOGRAPHIE & INSPIROGRAPHIE


**Essais & livres de fiction**

*Snowcrash*, Neal Stephenson, Spectra, 1992.

*The Facebook Effect : The Inside Story of The Company That Is Connecting The World*, David Kirkpatrick, Simon & Schuster, 2010.

*Ready Player One*, Ernest Cline, Michel Lafon, 2012.

*La Chute de l'empire humain*, Charles-Édouard Bouée, Grasset, 2017.

*De l'autre côté de la machine*, Aurélie Jean, L'observatoire, 2019.

*Mindfuck : le complot Cambridge Analytica pour s'emparer de nos cerveaux*, Christopher Wylie, Grasset, 2020.

*Carbone & Silicium*, Mathieu Bablet, Grasset, 2020.

*L'Ère de l'individu tyran : la fin d'un monde commun*, Éric Sadin, Grasset, 2020.

*Tempête dans le bocal*, Bruno Patino, Grasset, 2021.

*Les algorithmes font-ils la loi ?*, Aurélie Jean, L'observatoire, 2021.

**Films, séries, documentaires et dessins animés**

*Tron*, film, Steven Lisberger, 1982.

*Retour vers le futur*, film, Robert Zemeckis, 1985.

*The Matrix*, film, Les Wachowski, 1999.

*Avalon*, film, Mamoru Oshii, 2001.

*Minority Report*, film, Steven Spielberg, 2002.

*Avatar*, film, James Cameron, 2009.
*The Social Network*, film, David Fincher, 2010.
*Her*, film, Spike Jonze, 2013.
*Ready Player One*, film, Steven Spielberg, 2018.
*The Great Hack, l'affaire Cambridge Analytica*, documentaire, Karim Amer et Jehane Noujaim, 2019.
*Black Mirror*, série TV, Charlie Brooker, 2011-2019.
*Upload*, série TV, Greg Daniels, 2020-2021.
*Free Guy*, film, Shawn Levy, 2021.

**Podcasts**

Le podcast Now Futures a été développé pour accompagner la sortie de ce livre. Il offre un éclairage sur les grandes tendances qui façonnent notre époque. Dans chaque épisode, nous vous invitons à nous rejoindre avec un panel d'experts aussi variés que prestigieux afin d'obtenir une exhaustivité des opinions sur la compréhension de l'évolution de notre société : environnement, santé, alimentation, éducation, numérique... Tous les aspects de notre quotidien sont abordés. Ensemble, nous découvrons comment les innovations influenceront notre vie quotidienne et notre avenir. Que vous soyez geek ou simplement curieux de ce que demain nous réserve, il y aura quelque chose pour vous ici, dans Now Futures. Un nouvel épisode est mis en ligne chaque semaine. Pour écouter le podcast, rendez-vous sur les plateformes de streaming traditionnelles.

En complément, nous vous conseillons les podcasts suivants :

**Podcasts dont la seule thématique traite du metaverse**

*Into the Metaverse*, Bloomberg Finance Talk.
*Metaverse marketing*, Adweek.
*Future of the metaverse*, Cathy Hackl.
*Metaverse*, Right Angles.
*Building the open metaverse*, Patrick Cozzi & Marc Petit.
*Metaverse & more*, WPP.

Le QR code ci-joint vous donnera accès au podcast.

Scannez ce QR code

**Épisodes dédiés au cours de podcasts généralistes**

*Babbage : The Metaverse is coming, The Economist*, 14 octobre 2020.

*Interview : Mark Zuckerberg on Facebook's metaverse*, The Verge, 22 juillet 2021.

*# Metaverse, le futur du travail en mode Matrix ?*, Le digital pour tous, PPC, 30 septembre 2021.

*Living in the metaverse*, BBC News, 5 octobre 2021.

*Facebook Files, dans les rouages déréglés de l'entreprise*, L'heure du Monde, *Le Monde*, octobre 2021.

*Le metaverse de Microsoft, ça va changer quoi dans le monde du travail ?*, Le digital pour tous, PPC, 30 novembre 2021.

*Les metaverses, ça change quoi pour le divertissement ?*, Le digital pour tous, PPC, 23 mars 2022.

*Sylvie3600 et Bolly Coco : sur les traces des métavers*, Les pieds sur terre, France Culture, 26 avril 2022.

*Le métaverse pourrait devenir de nouveaux refuges*, Et maintenant ?, France Culture, 28 avril 2022.

*La réalité virtuelle soulage les douleurs chroniques. Les enjeux des réseaux sociaux*, France Culture, 2 mai 2022.

*The Sandbox, à la conquête des métavers, Les enjeux des réseaux sociaux*, France Culture, 10 mai 2022.

*Metaverse & Web3, la nouvelle donne ?*, Le digital pour tous, PPC, 29 juin 2022.

*Le réel en miroir*, La Revue de presse des idées, France Culture, 2 juillet 2022.

*À la recherche du métavers*, L'heure du Monde, *Le Monde*, 7 juillet 2022.

*Jumeaux numériques, tout comprendre sur cette révolution*, Culture Numérique, 9 janvier 2023.

*Revivre les souvenirs du passé grâce à la Tech*, Culture Geek, 17 avril 2023.

*L'ordinateur du futur… sans écran !*, Culture Geek, 30 mai 2023.

## ÉTUDES & LIVRES BLANCS

De très nombreux livres blancs ont été rédigés, par les plus grands cabinets de conseil, banques et autres acteurs qui souhaitent apporter leur vision du monde qui vient.

Parmi ceux-ci :
*Meet me in the metaverse*, Accenture.
*The potential global economic impact of the metaverse*, Analysis Group.
*Metaverse strategies : case studies and analysis*, Analysis Mason.
*The Corporate Hitchhiker's Guide to the Metaverse*, BCG.
*The Metaverse Could Be Tech's Next Trillion-Dollar Opportunity : These Are the Companies Making It a Reality*, CBS Insights.
*The Metaverse Overview : Vision, Technology, and Tactics*, Deloitte.
*Framing the Future of Web 3.0*, Goldman Sachs.
*Opportunities in the metaverse*, JP Morgan.
*Future of Extended reality*, KPMG.
*Framework for the metaverse*, Matthew Ball.
*Value creation in the metaverse*, McKinsey & Company.
*The Metaverse in 2040*, Pew Research Center.
*Into the metaverse*, Wunderman Thompson.

Via le QR code ci-joint, vous accéderez à une liste complète de documents, livres blancs, analyses pour naviguer dans le Web3, comprendre les enjeux du metaverse et vous approprier les concepts actuels du numérique.

Scannez ce QR code

*Pour aller plus loin*

Via ce lien, accédez à une revue de presse continue
de l'actualité numérique.

Scannez le QR code

TABLE

*Composition et mise en pages*
*Nord Compo à Villeneuve-d'Ascq*

Cet ouvrage a été imprimé
par CPI Brodard & Taupin
pour le compte des éditions Grasset
à La Flèche (Sarthe)
en janvier 2024

PAPIER À BASE DE
FIBRES CERTIFIÉES

*Grasset* s'engage pour
l'environnement en réduisant
l'empreinte carbone de ses livres.
Celle de cet exemplaire est de :
400 g éq. $CO_2$
Rendez-vous sur
www.grasset-durable.fr

N° d'édition : 23032 – N° d'impression : 3055154
Dépôt légal : février 2024
*Imprimé en France*